刺し子 こぎん刺し 刺しゅう のデザイン

日本文芸社

はじめに

刺し子とは、晒し木綿などの布に日本の伝統的な模様を
ひと針ずつ刺して表現する伝統的な刺しゅうと言われています。
ただ最近では、伝統模様にこだわらず、自作の模様にしたり、
糸や布も自由に選んで、好きなデザインを楽しむ人も増えています。

本書は、刺し子やこぎん刺しの基本的な手法をベースに
6人の作家のオリジナリティあふれるデザインを集めた1冊です。
刺しゅうのように繊細な表現をした刺し子や
刺しゅうと刺し子を組み合わせたもの、カラフルなこぎん刺しなど
自由な発想のデザインにあふれています。

刺し子もこぎん刺しも「手しごと」であり「手芸」でもあります。
本書のアイデアを参考に、機能的でデザイン性に富んだ
手芸ならではの作品作りを楽しんでください。

ザ・ハレーションズ

CONTENTS

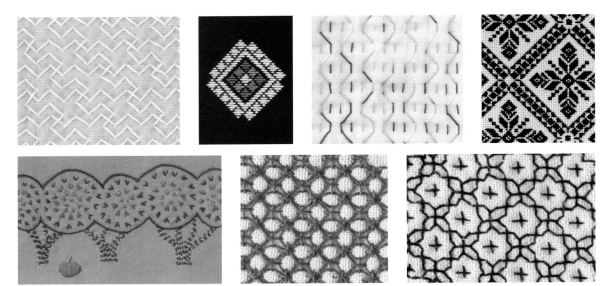

一目刺しの刺し子

コラージュふきん ……………………………………… P.6　HOW TO MAKE P.56
コースター／手裏剣、足あと ………………………… P.8　HOW TO MAKE P.60

フレンチシックな刺し子

モロッカン風ふきん（図案・A、B、C、D　P.10）……… P.12　HOW TO MAKE P.62
葉っぱのミニふきん（図案・G、H）…………………… P.14　HOW TO MAKE P.65
図案・りんご …………………………………………… P.16　HOW TO MAKE P.67
図案・洋梨 ……………………………………………… P.17　HOW TO MAKE P.68
モロッカン風ミニふきん（図案・E、F）……………… P.18　HOW TO MAKE P.69
デジタル数字のミニふきん／白、赤………………… P.20　HOW TO MAKE P.71

モノトーンのこぎん刺し

タペストリー …………………………………………… P.22　HOW TO MAKE P.72
図案・オーナメント、ドロップ ……………………… P.24　HOW TO MAKE P.74
フリーマット …………………………………………… P.26　HOW TO MAKE P.76

エスニックなこぎん刺し

モチーフ／花、タイル柄 ……………………………… P.28　HOW TO MAKE P.78
チロリアンテープ
／エスニック、ダイヤ、梅の花アレンジ、レトロフラワー　P.30　HOW TO MAKE P.79
スマホショルダー ……………………………………… P.32　HOW TO MAKE P.80
図案・水玉 ……………………………………………… P.33　HOW TO MAKE P.82

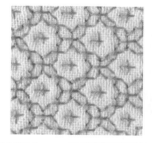

刺し子×刺しゅう

ねこと青海波のふきん ……………………………… P.34　HOW TO MAKE P.83
とりと七宝つなぎのふきん ……………………………… P.35　HOW TO MAKE P.86
ブックカバー／レース風モチーフ、花と太陽 ……… P.36　HOW TO MAKE P.88
図案・木とりんご ……………………………………… P.38　HOW TO MAKE P.91
図案・チロリアン風チューリップ …………………… P.38　HOW TO MAKE P.92
図案・アップリケ風フラワー ………………………… P.39　HOW TO MAKE P.93

こぎん刺し×織物模様

ピンクッション（図案・A、B） …………………… P.40　HOW TO MAKE P.94
図案・ムンカベルテ ………………………………… P.42　HOW TO MAKE P.95

刺し子とこぎん刺しのレッスンとメソッド　P.45

材料と道具 …………………………………………… P.46

刺し子の基本
　Lesson 1 図案の描き方、写し方 ………… P.48
　Lesson 2 刺し始め、刺し終わり ………… P.49
　Lesson 3 一目刺しのポイント ………… P.50
　Lesson 4 くぐり刺しのポイント ………… P.51

こぎん刺しの基本 …………………………………… P.53
HOW TO MAKE ガイド ……………………………… P.55

・印刷物のため、現物と色が異なる場合があります。
・材料の表記内容は、2024年2月現在のものです。

一目刺しの刺し子

タテ、ヨコ、ナナメと一方向に刺し進めて模様を作る「一目刺し」。一定の長さの針目で規則的に刺すのがコツです。糸を2色使ったり、模様を重ねたりするとカラフルに仕上がります。

デザイン・製作／安蒜綾子

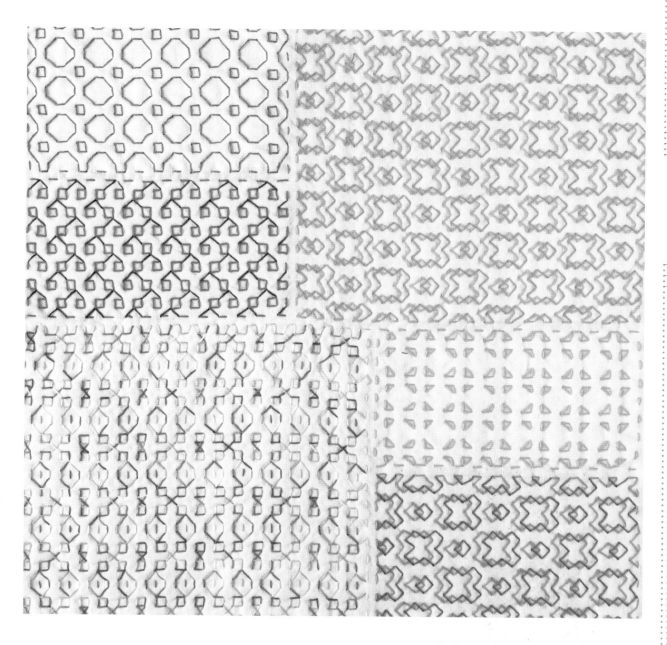

コラージュふきん

×××××××××××××××××××××××

1枚のふきんを6パターンのオリジナル
模様で構成。伝統的な刺し子ふきんと
はまるで雰囲気の異なるポップな仕上
がりです。

HOW TO MAKE P.56

じゃぼん玉	ゆらめき
さくらんぼ	
シャンデリア	チーズ
	ゆらめき

手裏剣

足あと

コースター
×××××××××××××××××××××

2種類のオリジナル模様で作ったコース
ター。タッセルをつけるとモダンになり、
和洋どちらとも好相性です。

HOW TO MAKE **P.60**

A
銭刺しアレンジ

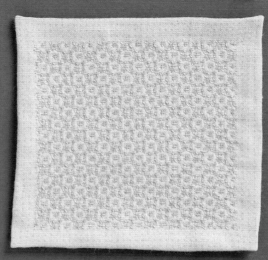

B
十字花刺し

フレンチシックな 刺し子

A、B

//

銭刺しを少し華やかにした銭刺しアレンジ（A）。可憐な模様が印象的な伝統柄の十字花刺し（B）。

HOW TO MAKE **P.63**

A

ほとんどの作品で刺し子糸ではなく細口の縫い糸を使用。目を凝らすほど繊細な模様を、さまざまな形のモチーフにはめ込み、絵画のように仕上げています。

デザイン・製作／Kurage

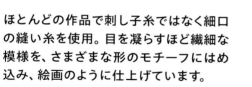

B

C、D

刺しゅうのレゼーデージーステッチのような模様のくぐり刺しのアレンジ（C）。丸い花びらっぽい模様が特徴のあじさい刺し（D）。

HOW TO MAKE **P.63**

C

D

C
たて刺しくぐり

D
あじさい刺し

モロッカン風ふきん

モロッカン風のランタン型モチーフの中に、P.10-11（図案・A〜D）の模様を刺したふきん。組み合わせることでそれぞれの模様の緻密さが引き立ちます。

HOW TO MAKE P.62

G
かざぐるま

H
紙風船

葉っぱのミニふきん

2種類の刺し子模様と2種類の刺しゅう
ステッチで構成した葉っぱ型モチーフ
のミニふきん。黒い糸で刺すと、GとH
の模様はクールな印象になります。

HOW TO MAKE **P.65**

H

紙風船をイメージさせるオリジナル模様。糸を2色使うことで立体感が生まれます。

HOW TO MAKE **P.66**

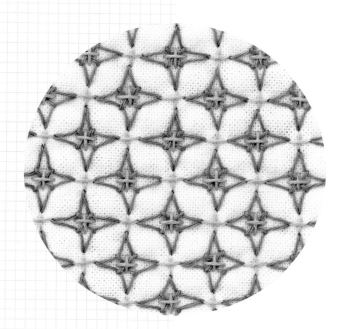

G

紙で作ったかざぐるまのようなオリジナル模様。3色の糸を使って陰影を出しています。

HOW TO MAKE **P.66**

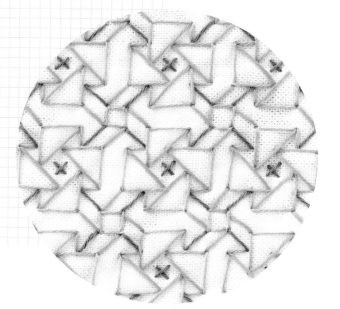

花角十つなぎ

図案・りんご

りんご型モチーフの中に刺しているのは、伝統模様の角十つなぎのアレンジ。刺し子糸を使った比較的刺しやすい模様です。

HOW TO MAKE P.67

図案・洋梨

//

洋梨型モチーフの中に刺しているのは、
伝統模様にくぐり刺しをアレンジした
米刺しくぐり。洋梨の輪郭は、刺しゅう
のウィップドランニングステッチで刺し
ています。

HOW TO MAKE **P.68**

HOW TO MAKE **P.68**

米刺しくぐり

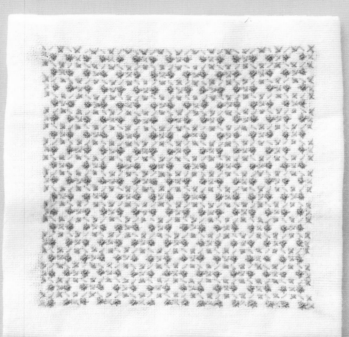

E
米刺しのアレンジ

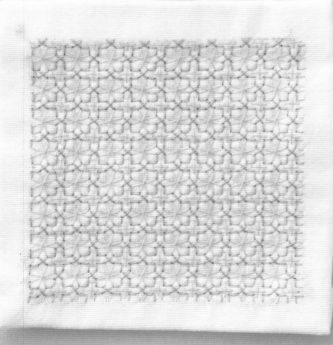

F
花クロス

E、F

細かな米模様で構成された米刺しのアレンジ（E）。花と十字を組み合わせたオリジナル模様花クロス（F）。

HOW TO MAKE **P.70**

モロッカン風ミニふきん

2種類のモロッカン風モチーフに、Eと
Fの模様を交互に刺しています。黄色
のグラデーションの配色が高貴な雰囲
気を醸し出しています。

HOW TO MAKE **P.69**

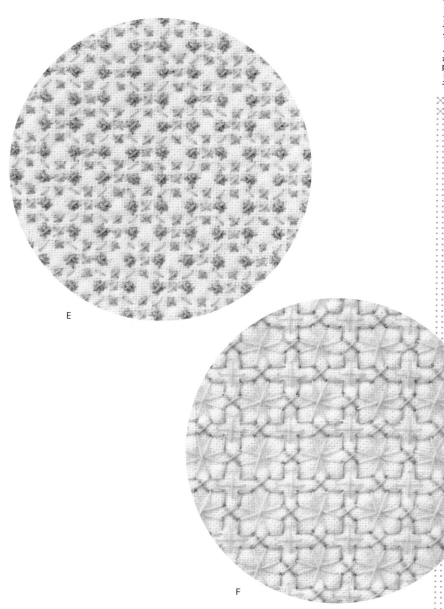

E

F

デジタル数字のミニふきん

3.14から始まる円周率をデジタル数字風に刺したユニークなふきん。布の色や糸の太さを変えると雰囲気の違いを楽しめます。数字の配列もお好みで。

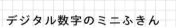

HOW TO MAKE **P.71**

モノトーンのこぎん刺し

「こぎん刺し」とは、青森県津軽地方に古くから伝わる刺し子の一種。ここでは黒と白の糸だけを使い、シックに仕上げています。

デザイン・製作／糸結 itoyui

タペストリー

オーナメント図案（P.25）を中心に、アレンジした梅の花（P.27）を囲んだオリジナルの図案。和室にも洋室にも馴染むモダンな雰囲気です。

HOW TO MAKE P.72

オーナメント

図案・オーナメント、ドロップ

オリジナル図案のオーナメントを総柄
にアレンジ（上）。ラインでつなげたオ
リジナル図案のドロップ（P.25）。

HOW TO MAKE P.74

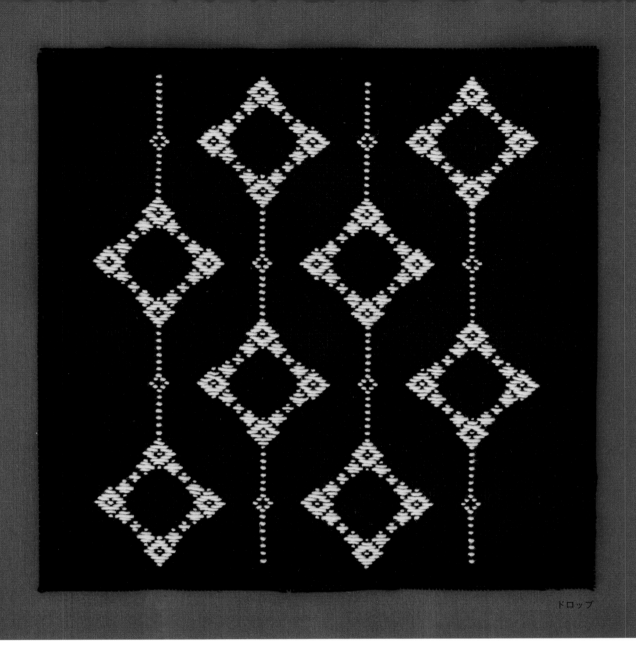

ドロップ

オーナメント

ドロップ

25

フリーマット

梅の花、はなこ、かちゃらずなどの伝統
模様を組み合わせたオリジナル図案の
マット。ヨーロッパのクロスステッチの
ような雰囲気に仕上がります。

HOW TO MAKE **P.76**

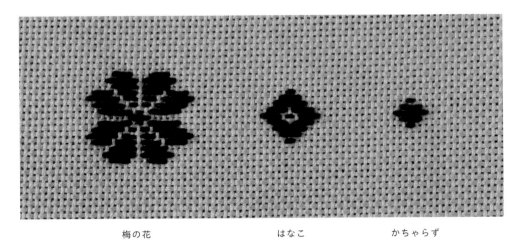

梅の花　　　　　はなこ　　　　かちゃらず

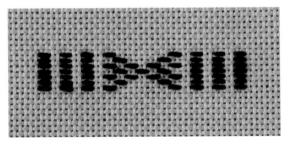

竹の節

エスニックなこぎん刺し

カラフルな糸を使って紺の生地に刺すエスニックテイストのこぎん刺し。布や糸の色を変えたり、連続柄にすることで伝統模様が別物に見えます。

デザイン・製作／CheT

タイル柄

花

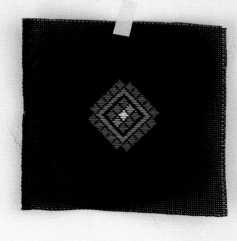
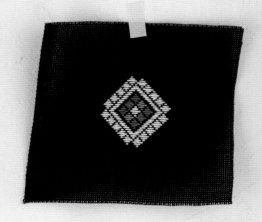

モチーフ

×××××××××××××××××××××××××

花とタイル柄のモチーフ。チャームに仕
立ててバッグのワンポイントにしたり、
オーナメントにしたり、使い方はさまざ
まです。

HOW TO MAKE **P.78**

ダイヤ

梅の花アレンジ

エスニック

レトロフラワー

チロリアンテープ

それぞれの柄を連続で刺し、長いテープに仕立てています。バッグや洋服などに縫い付けて使いましょう。

HOW TO MAKE **P.79**

スマホショルダー

×◇×◇×◇×◇×◇×◇×◇×◇×◇×◇×

レトロフラワー図案のチロリアンテープをショルダー紐に仕立てるとインパクト大。バッグ部分をデニム生地でシンプルにすることで模様を引き立てます。

HOW TO MAKE P.80

図案・水玉

×◇×◇×◇×◇×◇×◇×◇×◇×◇×◇×

4色の糸で刺した水玉模様。配色を変えたり、色を増やしたりするとさまざまなテイストを楽しめます。

HOW TO MAKE P.82

エスニックなこぎん刺し

刺し子×刺しゅう

糸は刺し子糸、布はコットンやリネンなどを使い、刺し子と刺しゅうをミックス。布を晒し木綿にしたり、連続模様のテープにしたり、自在にアレンジを楽しめます。

デザイン・製作／ささきみえこ

ねこと青海波のふきん

伝統柄の青海波に、釣りをするねこや魚などを刺しゅうでプラス。見慣れた模様がオリジナリティあふれるふきんに早変わり。

HOW TO MAKE P.83

とりの七宝つなぎのふきん

七宝つなぎの丸い部分を利用してオリ
ジナルのとりを刺しゅう。ポコっとした
黄色い縁取りが効いています。

HOW TO MAKE **P.86**

図案・レース風モチーフ

大きな丸と小さな丸をベースにした連続模様。フリル風のフレンチノットステッチがポイントです。

HOW TO MAKE `P.89`

図案・花と太陽

アウトラインステッチ、ランニングステッチ、フレンチノットステッチの3つで構成したシンプルな図案。花と太陽を分けて使うこともできます。

HOW TO MAKE `P.90`

ブックカバー

レース風モチーフと花と太陽の図案を使用。花と太陽は、一列だけならシンプルに。図案を縮小して総柄にするのもおすすめです。

HOW TO MAKE P.88

図案・木とりんご（上）

連続模様としても使える図案。シンプルな刺しゅうステッチだけで仕上がります。

HOW TO MAKE P.91

図案・チロリアン風チューリップ

連続模様として刺すと、チロリアンテープ風のレトロポップな雰囲気に。花を切り離して、2つの図案としても使えます。

HOW TO MAKE P.92

図案・アップリケ風フラワー

ベースの布に別の布を重ねて刺しゅう。
仕上がりに厚みが出るので、布を補強
するためのアップリケとしても使えます。

HOW TO MAKE **P.93**

A

伝統模様や織物のムンカベルテ
の模様を取り入れたこぎん刺し
のアレンジ。ミッドセンチュリー風
の洗練された模様は必見です。

デザイン・製作／武内マリ

ピンクッション
×××××××××××××

シンプルな伝統模様で作った小
さめのピンクッション。布、色、サ
イズはお好みでアレンジしましょう。

HOW TO MAKE P.94

同じ柄の表と裏を交互に並べてサイコロのようにしたり、タテヨコに柄を広げやすいので作品に合わせて好みのサイズに調整しましょう。

HOW TO MAKE P.94

B

さん刺し×織物材料

図案・ムンカベルテ

織物模様のひとつ・ムンカベルテは「修道士のベルト」という意味。横に長く刺し続けるとベルトのように（A）。同じ2目と5目の目数の組み合わせでも、並びと色合わせを変えるとシャープな印象になります（B）。

HOW TO MAKE **P.95**

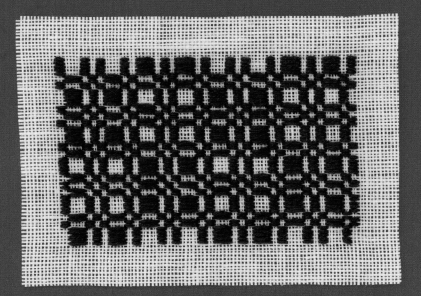

A

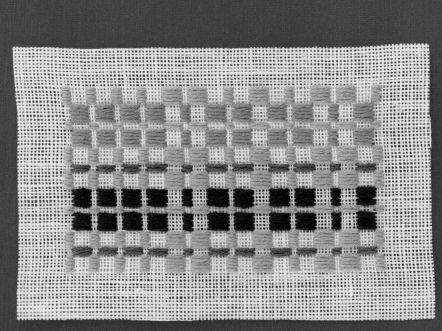

B

刺し子とこぎん刺しのレッスンとメソッド

刺し子やこぎん刺しをする際に
必要な道具や材料のことから、
各図案、作品の作り方まで紹介します。
まずは刺し子とこぎん刺しの基本をチェックし、
気になる図案から刺してみましょう。

●材料と道具 ……………………………… P.46

●刺し子の基本
Lesson 1 図案の描き方、写し方 ……… P.48
Lesson 2 刺し始め、刺し終わり ………… P.49
Lesson 3 一目刺しのポイント ……………… P.50
Lesson 4 くぐり刺しのポイント ………… P.51

●こぎん刺しの基本 ……………………… P.53

HOW TO MAKE …………………………… P.56

材料と道具

刺し子やこぎん刺しをするにあたって、使いやすいもの、
用意しておくと便利なものを紹介します。

〈布について〉

針通りのよい平織りの布が適しています。刺し子や刺しゅうは晒し木綿のほか、適度な厚さのリネンや木綿布など色数が豊富なものもおすすめです。こぎん刺しは、布目が数えやすい布を選びましょう。

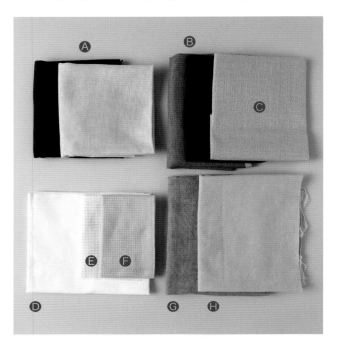

A オリムパス コングレス
布目が数えやすく、こぎん刺しに最適な木綿布。
約7×7目/cm 全8色(左:紺、右:ベージュ)

B オリムパス リネンクロス
刺しゅう用の布目が揃った麻布。
約8×8目/cm 全5色(左:マスタード、右:黒)

C DARUMA こぎん布ハードタイプ
布目が縦長で図案より模様が縦長に仕上がる、こぎん刺し用の麻布。
横 約9目 × 縦 約7目/cm 全6色

D 晒し木綿
やわらかく吸水性のある平織りの木綿布。布幅をそのまま生かして使うと端の始末が簡単。

E DARUMA 刺し子布 方眼ガイドタイプ
水で消えるプリントの方眼ガイドが施された木綿布。
縦 50cm × 横 108cm 全5色

F オリムパス
一目刺し用ガイド付きさらしもめん
一目刺し用にドットでガイドがプリントされた木綿布。
3mm間隔ドット方眼 全7色、5mm間隔ドット方眼 全6色

G 麻布
吸水性がある麻布は、どの刺し方にも対応。ただし、柔らかいものは歪みやすく、洗うと縮みやすいので水通しをして使用しましょう。

H 木綿布
刺し子や刺しゅうと相性がいい木綿布。適度な厚さのものを選びましょう。

〈糸について〉

本書では刺し子糸、手縫い糸、こぎん糸を使用。布との相性や模様の大きさに合わせて選ぶのがポイント。メーカーによって風合いや糸の撚り具合、色数も違うので、作品に合わせて楽しみましょう。

A DARUMA こぎん糸
ふっくらとした綿100%のこぎん刺し専用の糸。全11色

B DARUMA 刺し子糸
綿100%の刺し子専用の糸。単色の他に段染めタイプもある。
〈細〉全37色、〈合太〉全29色

C ダルマ 家庭糸〈細口〉
滑りがよく縫いやすい手縫い糸で、色数も豊富。本書では刺し子の細かい柄を表現する際に使用。全56色

D オリムパス こぎん糸
やわらかな風合いで刺しやすい6本撚りの糸。全40色

E オリムパス Sashiko Thread 100m
光沢があり、滑りがよい刺し子専用の糸。段染めやぼかし色などバリエーションも豊富。全48色

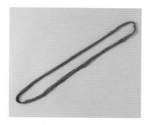

ラベルを外し、かせをほどいて
広げる。

結び目をカットする。

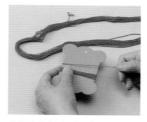

糸端を厚紙などに巻く。

ラベルを貼っておくと買い足す
ときに便利。

〈道具について〉刺し子、こぎん刺し、刺しゅうをする際に便利な道具を紹介します。必要に応じて揃えましょう。

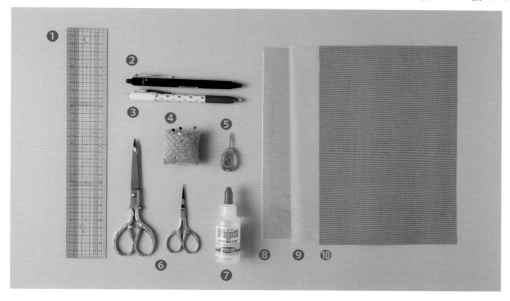

❶定規
布に線を引いたり印をつけるときに使用。
一目刺しのガイド線を描くときは方眼定規
があると便利。

❷消えるペン（フリクションなど）
布に直接細かい柄のガイド線を描くときに
使用。アイロンで消えるので便利。

❸水性チャコペン
布に印や線、図案を描くときに使用。水で
消えるペン先の細いタイプがよい。

❹まち針
図案を写すときにずれないよう固定する。

❺スレダー（糸通し）
針穴に糸を通しにくいときに使用。

❻はさみ
布を切るための裁ちばさみ、糸を切るため
の針先の尖った手芸用はさみなど、用途に
合わせて使用。

❼ほつれ止め液
布目の揃った布は布端がほつれやすいので、
周囲に塗っておくとよい。

❽セロファン
図案を布に写すとき、図案が破れないよう
に図案の上に重ねて使う。

❾トレーシングペーパー
図案を写しとるときに使用。

❿手芸用複写紙
図案を布に写すとき、布と図案の間に入れ
て使う。

〈針について〉

こぎん針、刺し子針、それぞれ専用の針がありますが、こぎん刺しは布の織り糸を割
らないように先が丸くなったクロスステッチ針や細めのとじ針、刺し子はフランス刺しゅ
う針でも代用できます。

❶こぎん針
こぎん刺しは布目を拾いながら刺すため、先が丸くなった針を使用。

❷刺し子針
針先のとがった刺し子用の針。一般的な手縫い針より針穴が大きく糸が通しやすいのが特徴。

刺し子の基本　図案の準備や代表的な刺し方など、刺し子の基本を紹介します。

図案の描き方、写し方

方眼のガイド線だけで刺し始められる作品、図案のトレースが必要な作品などさまざま。
必要に応じて準備しましょう。

布に直接線を引く

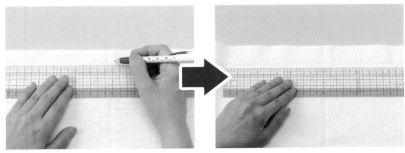

チャコペンと定規で布に直接線を描く。作品に合わせて布を用意し、縦・横それぞれ二つ折りにして中心を決めてから描くとよい。

複写紙で図案をトレースする

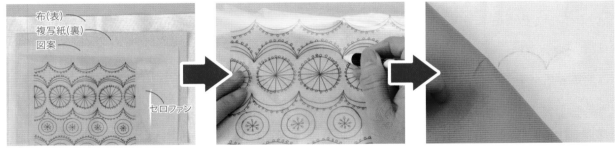

布の表を上にして置き、手芸用複写紙の表を下にして重ねる。その上に図案を写したトレーシングペーパー、セロファンの順で重ねてずれないようにまち針で固定する。

トレーサーやインクの出なくなったボールペンなどで図案をなぞる。

布の表に図案が写ったところ。

ガイド付き刺し子布を使う　印つけが面倒な一目刺しは、市販のガイド入り刺し子布が便利。

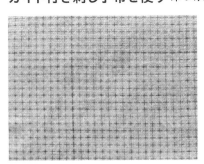

「DARUMA 刺し子布
　方眼ガイドタイプ」

5mm、1cm、10cm間隔のガイドがプリントされた木綿布。晒し木綿よりサイズが大きいのもポイント。

「オリムパス 一目刺し用ガイド付き
　さらしもめん」

一目刺し用にドット方眼がプリントされた木綿布。写真の3mm間隔のほかに5mm間隔や斜方眼もラインナップ。

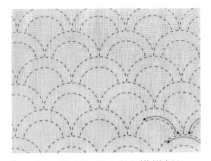

「DARUMA 刺し子ふきん模様刺し」

図案だけでなく、刺し順もプリントされている。伝統柄のほかにオリジナル柄や一目刺しのバリエーションもあり、気軽に楽しめる。

Lesson 2

刺し始め、刺し終わり

裏面が見える作品やふきんなどは糸玉で凹凸が出ず、裏側がきれいに仕上がる方法ですっきり仕上げましょう。

※ここでは P.34 で使用している「青海波」のガイド付き刺し子布で説明します。

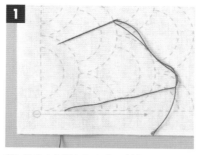

刺し始めの位置から3目先に針を出す。

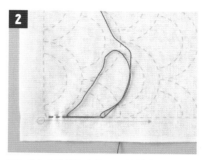

刺し始めの位置に向かって3目刺す。

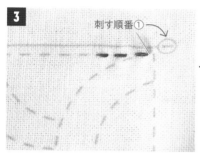

布を持ちかえて1目めは少しずらして針を出し、先に刺した目にかぶせて刺す。

POINT 「重ね刺し」

外周を一周刺す場合(P.56参照)は、刺し始めから進行方向に刺し、刺し終わりを3目重ねる方法もあります。すでに刺した目がある場合も同様に重ねて刺します。

POINT 「糸をしごく」

布がつれるのを防いできれいな針目に整える作業。こまめに糸をしごいて刺し縮んだ目を均等にすると、仕上がりもきれいです。

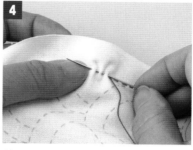

ガイドに沿ってなみ縫いで刺し進める。針目は表より裏を少し短くする。

少し刺したら刺し始め側を押さえ、進行方向側に指の腹でしごく。

POINT 「刺す順番」

図案内の矢印と数字は刺す順番と方向を示しています。各順番の刺し始めが前の番号の刺し終わりから2cm程度の場合は2枚の間を通して近い位置から続けて刺しましょう。

①で外周を1周したら②に進む。

刺し方のポイント　針目を均等にするほか、角や交点は以下のポイントに注意して刺しましょう。

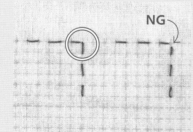

針目が角に出るように刺すと、模様がきれいに仕上がります。糸をしごくときは引きすぎないよう注意。

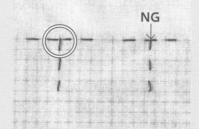

交点では角をあけて、線がぶつからないように刺します。

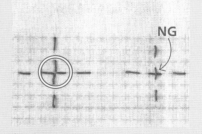

角は針目が出るときれいですが、交点は交わらないようにあけて刺します。

一目刺しのポイント

一定の長さの目で規則的に刺していく
「一目刺し」。最初に各図案の間隔で方
眼（またはドット）を描きます。

※ここでは方眼ガイドが施された刺し子布を使っ
　て「花角十つなぎ」(P.16)の刺し方で説明します。

図案・花角十つなぎ

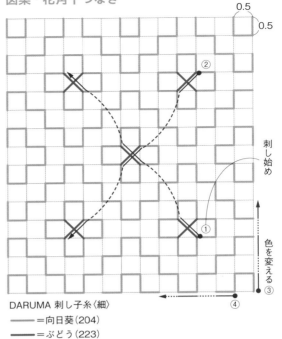

0.5
0.5

②

刺し始め

①

色を変える③

④

刺し始め

DARUMA 刺し子糸〈細〉
——＝向日葵(204)
——＝ぶどう(223)
———— 表に出る　………… 裏に出る　- - - - 2枚の間を通す

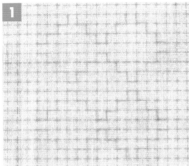

輪郭の線を描く。

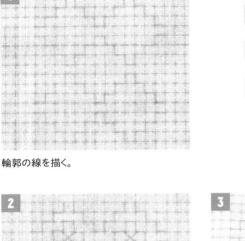

1で描いた内側に十字と中央の×を描く。

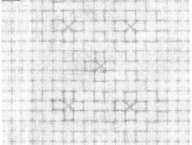

玉結びをして2枚の布の間に針を入れ、図案
①の刺し始めの位置から針を出す。

POINT

糸目が離れている場合は、重ね刺し
でなく玉結びで始めてもOK。

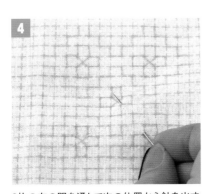

2枚の布の間を通して次の位置から針を出す。
ガイド線に従って斜め線を刺していく。

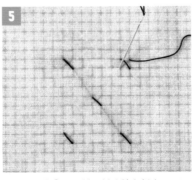

続けて図案②の反対の斜め線を刺す。

POINT

図案では縦・横・斜めの刺す順番を示
しています。図案②以降の刺し始め
はそれぞれ一筆書きで運針しやすい
場所から始めましょう。

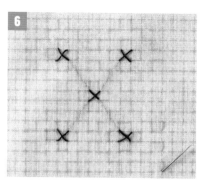

糸の色を変えて図案③の縦の線を重ね刺しで刺し始める。

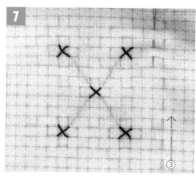

縦の線を刺していく。

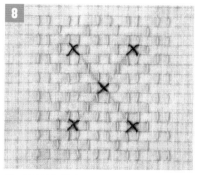

縦の線が刺し終わったところ。

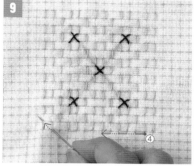

続けて図案④の横の線を刺す。

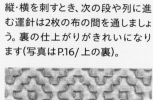

POINT

縦・横を刺すとき、次の段や列に進む運針は2枚の布の間を通しましょう。裏の仕上がりがきれいになります（写真はP.16／上の裏）。

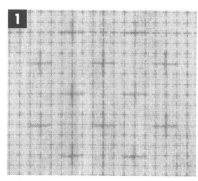

でき上がり。

Lesson 4

くぐり刺しのポイント

針目に糸をくぐらせて模様を作るのが「くぐり刺し」。最初に各図案の間隔で方眼（またはドット）を描きます。

※ここでは方眼ガイドが施された刺し子布を使って「米刺しくぐり」（P.17）の刺し方で説明します。

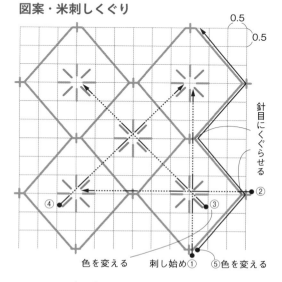

図案のエメラルド（207）の交点に「十」を描く。

図案・米刺しくぐり

針目にくぐらせる

0.5
0.5

色を変える　刺し始め①　⑤色を変える

DARUMA 刺し子糸〈細〉

＝白ねず（217）
＝エメラルド（207）
＝梅（222）くぐり刺し

―――― 表に出る　……… 裏に出る　- - - - - 2枚の間を通す

51

2

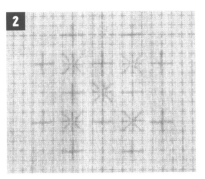

1で描いた十の間のドットを中心に「米」の字のように線を描く。

3

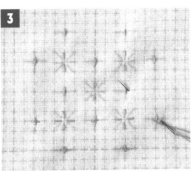

図案(P.51)①の縦の線を刺し、続けて図案(P.51)②の横の線を刺す。

POINT

長く糸が渡る場合は、2枚の布の間を通しましょう。

4

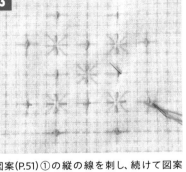

糸の色を変えて図案(P.51)③の斜め線を刺す。

5

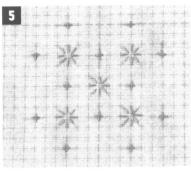

続けて反対の斜め線図案(P.51)④を刺す。

6

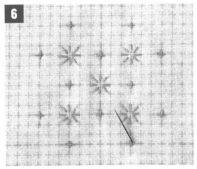

糸の色を変え、玉結びをして図案(P.51)⑤の位置から針を出す。

7

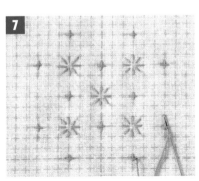

先に刺した針目に針穴側から針をくぐらせる。

POINT

針先で糸を割らないように針穴側から針を通しましょう。

8

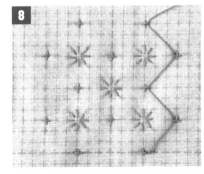

ぐぐらせる糸がつれたり緩んだりしないよう、加減して糸を引きながら端までくぐらせる。

9

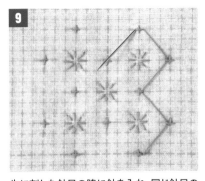

先に刺した針目の脇に針を入れ、同じ針目の反対側の脇から針を出す。

10

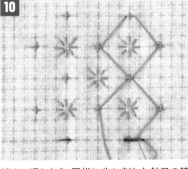

端まで通したら、同様に先に刺した針目の脇に針を入れ、次の列に針を進める。

11

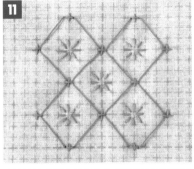

くぐり刺しを通し終えたら、2枚の布の間で玉結びで糸始末をして、でき上がり。

こぎん刺しの基本

布に図案や方眼のガイドを描いてから刺す刺し子と違い、こぎん刺しは図案を見ながら布目を数えて右から左へ横の段に沿って刺していきます。ここではエスニックの基本柄（P.31/ 左下）を単色の刺し方で説明します。

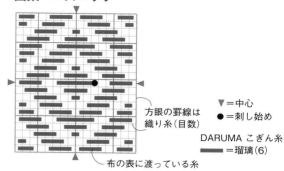

図案・エスニック

▼＝中心
●＝刺し始め

方眼の罫線は織り糸（目数）

DARUMA こぎん糸
■■■■＝瑠璃（6）

布の表に渡っている糸

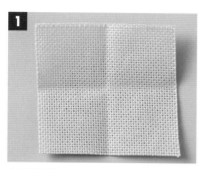

1 布を縦と横それぞれ二つ折りで折り目をつけ、中心を決める。

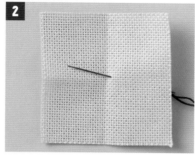

2 図案で刺し始めを示している黒丸「●」の位置を布の中心から数え（中心から織り糸（目数）3本右側）、針を出す。

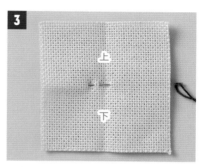

3 図案どおりに織り糸を数えながら針を進める。

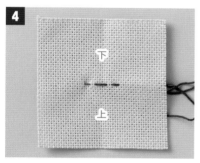

4 糸から針を抜き、布を反転する。反対側の糸端に針を通し、図案どおりに針を進める。

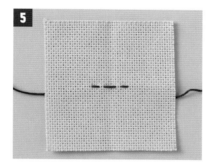

5 中心の段を刺したところ。

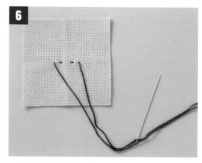

6 1段目を刺したら裏に返し、左右の糸の長さを揃える。※裏から見たところ

布目について

使用する布によって刺し上がる模様の大きさが変わります。こぎん刺しで使用する布には、1cm四方あたりのタテ糸とヨコ糸の本数を記しています。

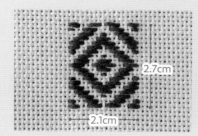

2.7cm
2.1cm

「オリムパス コングレス」
約7×7目/cm

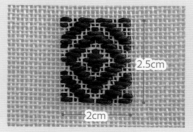

2.5cm
2cm

「オリムパス リネンクロス」
約8×8目/cm

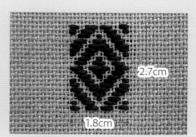

2.7cm
1.8cm

「DARUMA こぎん布ハードタイプ」
縦 約7目×横 約9目/cm

7

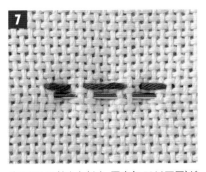

表に返して続きを刺す。図案（P.53以下同）どおりに2段めに針を進める。
※中心の段から下の段に刺したところ

8

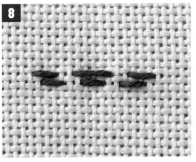

糸を引いて2段めが刺せたところ。

POINT

段が変わるときは糸を引きすぎず、端に少しゆるみを持たせておきます。
※裏から見たところ

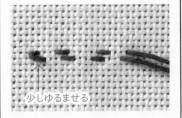

少しゆるませる

9

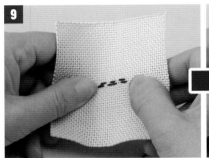

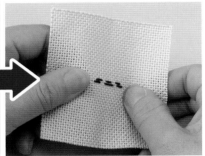

刺した段の端を軽く押さえ、布を引っ張り「糸こき」をする。

POINT

横に少し引っ張りながら布に糸がなじむように左右交互に揺さぶります。強く引っ張ったり、斜め方向に持つと布が歪んでしまうので注意。

10

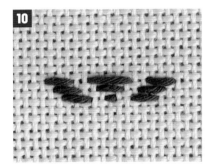

3段めまで刺したところ。糸の引き加減が均等になるよう、1段刺し終わるごとに糸こきをする。

11

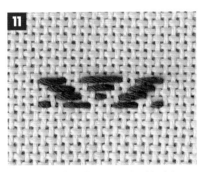

図案どおりに針を進め、4段めまで刺したところ。

12

5段めまで刺したところ。

13

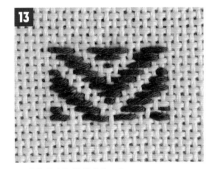

下半分を刺し終えたところ。

14

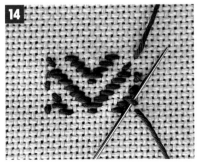

裏に返して糸始末をする。刺し終わりの前段端のゆるみに針を通す。

15

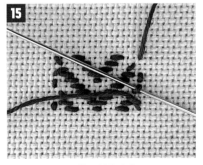

もう1段前にも同様に針を通す。

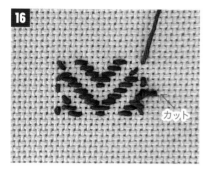

糸端を2、3mm残して糸をカットする。

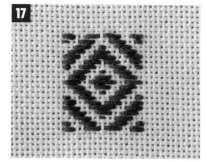

6 に戻り、反対の糸端に針を通して上半分を
同様に刺して、でき上がり。

刺し方のポイント　カラフルな柄や大きな作品を刺すときは、以下の点に気をつけましょう。

エスニックをP.79の図案
どおり複数の糸色で刺す
場合は中心からではなく、
色ごとに刺しやすい場所
から刺します。裏で糸が重
なる部分が出てくるので、
厚みが出ないよう糸の重
なっていない部分で糸始
末しましょう。

大きな作品を刺すときは、針目が全体的にふっくらと均等に整う
ように、1段ごとでなくこまめに糸こきをしましょう。

HOW TO MAKE ガイド

- ●トレースが必要な図案は全て実物大です。必要に応じて写して使用しましょう。
- ●でき上がりサイズが図案部分で記載されている作品は、仕立てたい作品によって好みの用尺で布を準備しましょう。
- ●でき上がりサイズは作品の実寸を示しています。洗い縮みや縫い縮みにより、誤差が生じる場合があります。
- ●布の用尺は縫い縮みや端のほつれに備えて少し大きめに裁っておきましょう。
- ●「フレンチノットS 213」の場合、フレンチノットステッチを213番の糸で刺すという意味です。フレンチノットステッチは、
　指定のない場合、すべて2回巻きです。
- ●図案や仕立て方の図でとくに指定のない場合、単位はcmです。

HOW TO MAKE P.56〜 ➡

コラージュふきん

材料

[布] 晒し木綿　34×71cm

[糸] DARUMA 刺し子糸〈細〉カード巻　向日葵（204）、
ピーコック（205）、エメラルド（207）、笹（208）、朱赤（212）、
梅（222）、瑠璃（225）、七夕（502）、手縫い糸（白）

[針] 刺し子針

[でき上がりサイズ] 縦34.5×横34cm

作り方

❶晒し木綿を半分に折り、縫い代1cmで端を縫う。表に返して形を整え、アイロンをかける。

❷消えるペンで0.5cm間隔の方眼を描く。

❸A〜Fの図案をそれぞれ指定の位置に刺す。各図案は刺し始め位置から外周を一周刺し、続けて①から順に刺す。

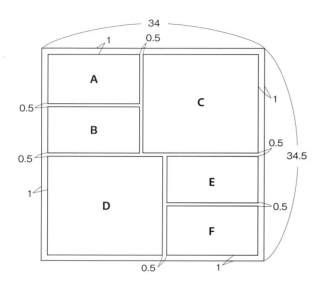

ふきんの仕立て方

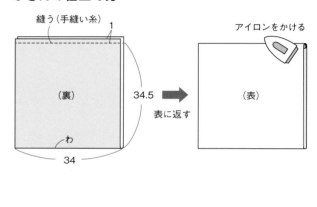

A 図案・しゃぼん玉 （縦8× 横13.5）

——— 表に出る　　……… 裏に出る　　╌╌➤ 2枚の間を通す

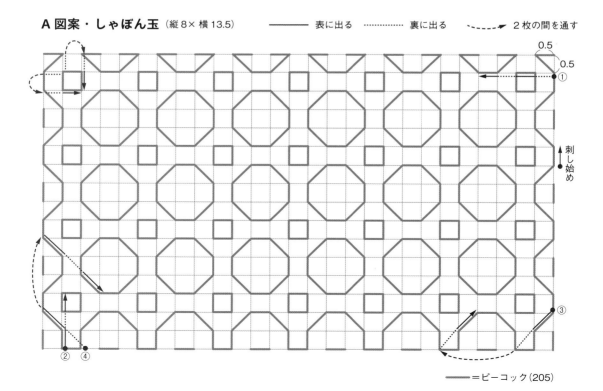

——— ＝ピーコック（205）

B 図案・さくらんぼ（縦7.5×横13.5）　——— 表に出る　········· 裏に出る　----▶ 2枚の間を通す

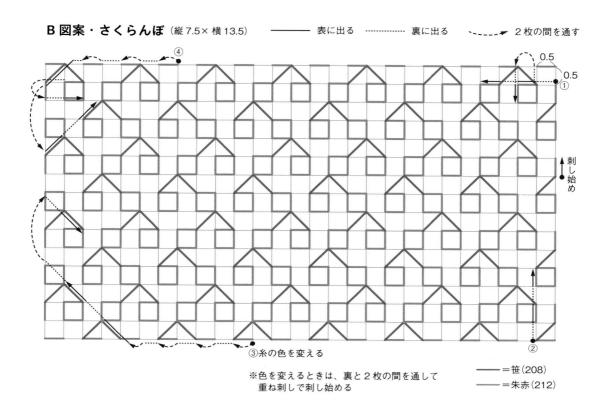

③糸の色を変える

※色を変えるときは、裏と2枚の間を通して
　重ね刺しで刺し始める

——— ＝笹（208）
——— ＝朱赤（212）

E 図案・チーズ（縦7.5×横13.5）

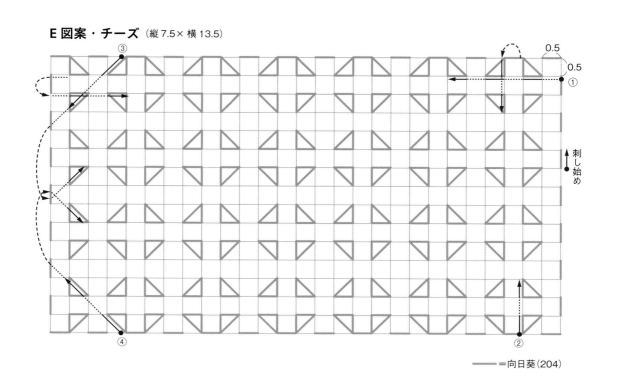

——— ＝向日葵（204）

—— 表に出る
········· 裏に出る
╌╌╌> 2枚の間を通す

━━ ＝セタ（502）

刺し始め

0.5
0.5

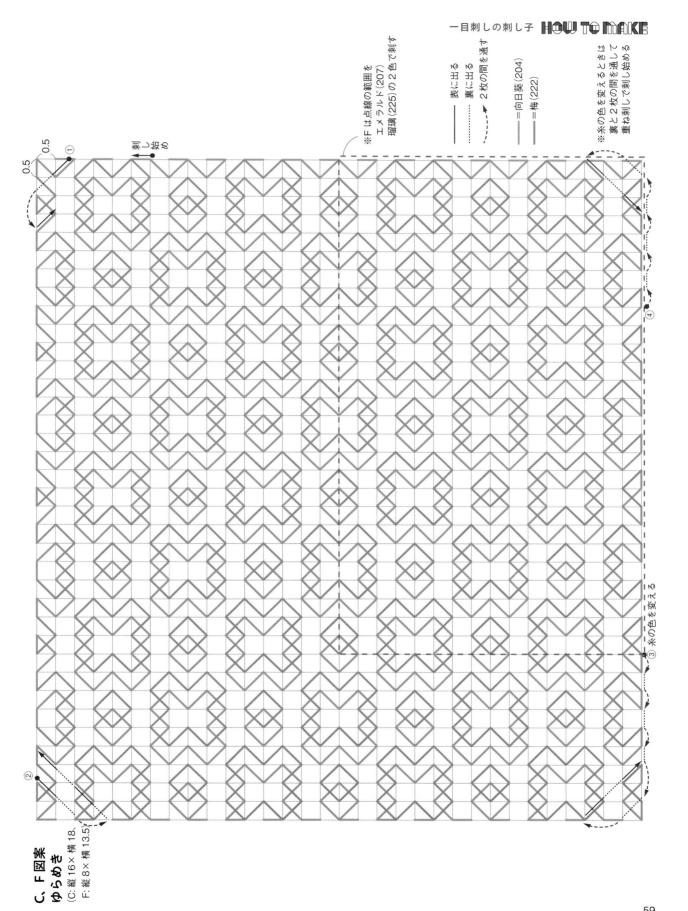

コースター　手裏剣、足あと

材料

[布] **手裏剣:**DARUMA 刺し子布 方眼ガイドタイプ　灰色(2)、
　　にぶ青(5)　**足あと:**晒し木綿　各11cm角×4枚
[糸] DARUMA 刺し子糸〈細〉カード巻　**手裏剣:**白(201)、黒(219)
　　足あと:梅(222)、かき氷(402)、手縫い糸(白、グレー、黒)
[針] 刺し子針
[でき上がりサイズ] 9cm角(タッセル含めず)

作り方

❶11cm角の布を4枚用意する。2枚を重ね、消えるペンででき上がり線、
　0.5cm間隔の方眼を描く。
❷布2枚を合わせ、ずれないよう外周をしつける。
❸玉結びで刺し始めて①から順に刺し、玉どめで糸始末する。裏布2枚
　を中表に合わせ、返し口を残してでき上がり線で縫う。
❹表に返し、形を整えて返し口をかがる。
❺手裏剣のコースターは刺し子糸でタッセルを作り、角に縫いつける。

―― 表に出る　　　‥‥‥‥ 裏に出る　　　- - -▶ 2枚の間を通す

図案・手裏剣

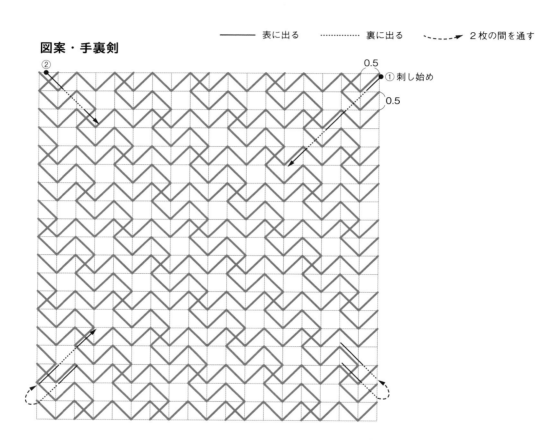

コースターの仕立て方

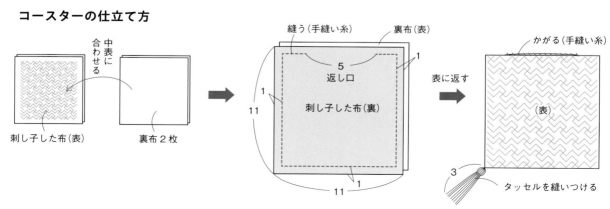

——— 表に出る　　　·········· 裏に出る　　　- ➞ 2枚の間を通す

図案・足あと

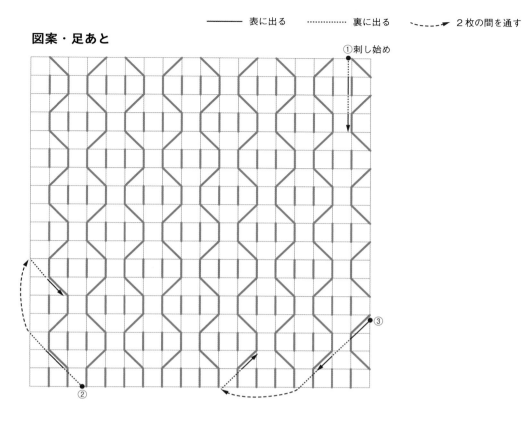

①刺し始め

②

③

タッセルの作り方

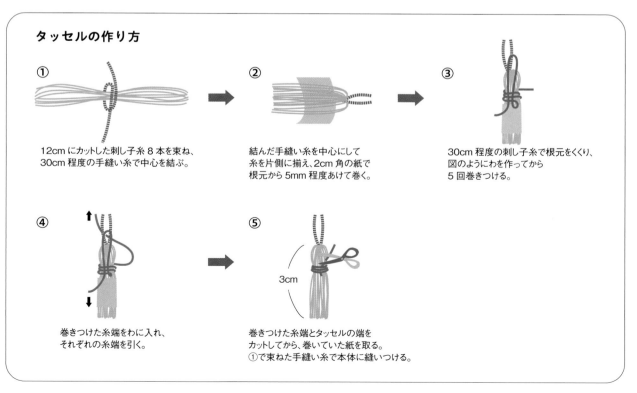

① 12cm にカットした刺し子糸 8 本を束ね、
30cm 程度の手縫い糸で中心を結ぶ。

② 結んだ手縫い糸を中心にして
糸を片側に揃え、2cm 角の紙で
根元から 5mm 程度あけて巻く。

③ 30cm 程度の刺し子糸で根元をくくり、
図のようにわを作ってから
5 回巻きつける。

④ 巻きつけた糸端をわに入れ、
それぞれの糸端を引く。

⑤ 3cm
巻きつけた糸端とタッセルの端を
カットしてから、巻いていた紙を取る。
①で束ねた手縫い糸で本体に縫いつける。

モロッカン風ふきん

材 料

[布] 晒し木綿　34×53cm
[糸] ダルマ家庭糸〈細口〉きなり、黄土色(12)、にぶ青(30)、
　　瑠璃(31)、濃紺(33)、なんど(48)、白
[針] 刺し子針
[でき上がりサイズ] 縦25×横34cm

作り方 (実物大図案はP.64)

❶晒し木綿を半分に折り、縫い代1cmで端を縫う。表に返して形を整え、アイロンをかける。
❷わを上にして外枠の図案を2枚の間に挟んで上から消えるペンで写し、晒し木綿2枚がずれないよう外周をしつける。
❸❷で描いた外枠の中に0.3cm間隔で印をつけ、それぞれ指定の図案を描く。
❹最初に各図案を刺し、その後外枠をバックステッチで刺す。
❺刺し終わったらしつけを取る。

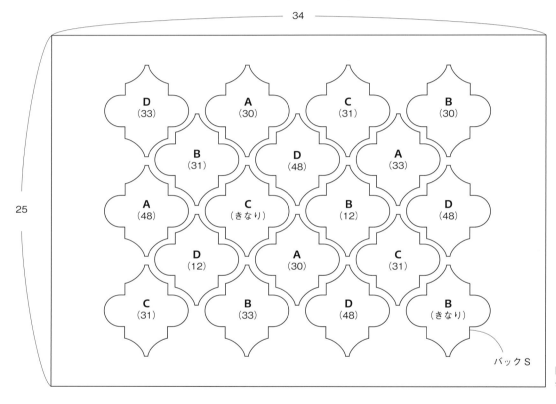

図案内の( )内は
糸色番号または名称

ふきんの仕立て方

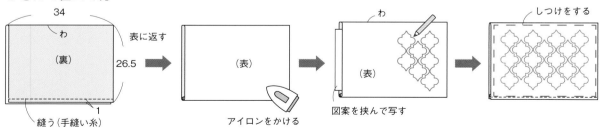

POINT

・図案の端は外枠の線まで刺します。
・糸始末しやすいよう中の図案を先に刺します。

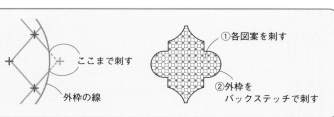

材　料

[布] オリムパス　一目刺し用ガイド付きさらしもめん
　　3mm間隔ドット方眼（Pale Gray）

[糸] ダルマ家庭糸〈細口〉黒とび（51）、黒、きなり、こうばい（44）
[針] 刺し子針

※ P.10-11の写真のものは図案よりも大きい範囲で刺しています。

—— 表に出る　　……… 裏に出る
- - → 2枚の間を通す

A 図案・銭刺しアレンジ

B 図案・十字花刺し

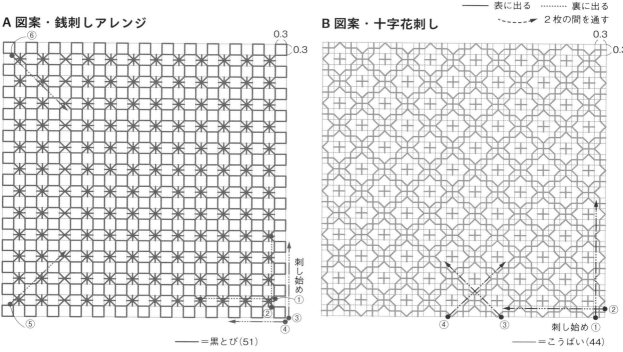

—— ＝黒とび（51）

—— ＝こうばい（44）

C

D 図案・あじさい刺し

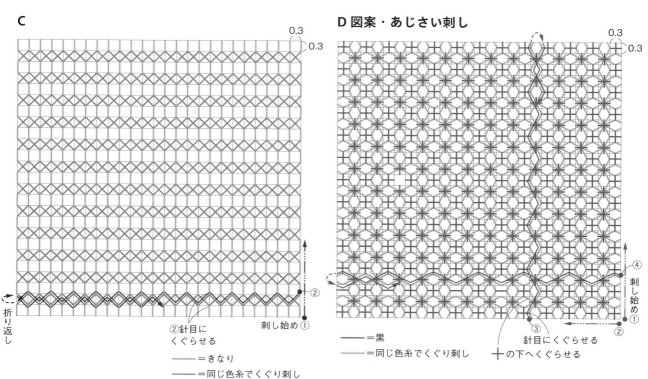

②針目に
くぐらせる

—— ＝きなり
—— ＝同じ色糸でくぐり刺し

—— ＝黒
—— ＝同じ色糸でくぐり刺し

針目にくぐらせる
＋の下へくぐらせる

図案・モロッカン風ふきん（中心線を起点に対称に写す）

中心

葉っぱのミニふきん

材料

[布] 晒し木綿　23×43cm
[糸] DARUMA 刺し子糸〈細〉カード巻　黒(219)、雨音(301)、
　　 白ねず(217)、手縫い糸(白)
[針] 刺し子針
[でき上がりサイズ] 20.5cm角

作り方はP.69のモロッカン／ミニふきんの作り方❶〜❹、❻を参照。

POINT

位置の目安になるよう図案を描いていますが、まずは外枠だけをト
レースします。外枠を描いたら0.5cm間隔で印をつけ、それぞれ指
定の刺し子図案を描きます。

217

ランニング S　301

バック S

※G、Hの図案は P.66

― =黒(219)
― =雨音(301)
― =白ねず(217)

G 図案・かざぐるま

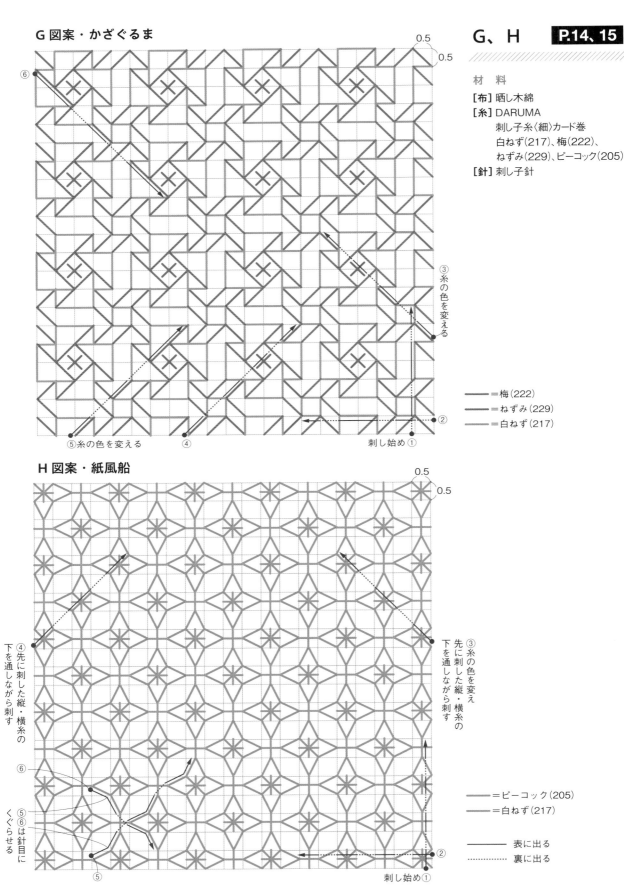

G、H `P.14、15`

材　料

[布] 晒し木綿
[糸] DARUMA
　　刺し子糸〈細〉カード巻
　　白ねず(217)、梅(222)、
　　ねずみ(229)、ピーコック(205)
[針] 刺し子針

③糸の色を変える

⑥

⑤糸の色を変える　④　　　　　　　　刺し始め①

——=梅(222)
——=ねずみ(229)
——=白ねず(217)

H 図案・紙風船

④先に刺した縦・横糸の下を通しながら刺す

③糸の色を変え先に刺した縦・横糸の下を通しながら刺す

⑥

⑤
⑥は針目にくぐらせる

⑤

刺し始め①

——=ピーコック(205)
——=白ねず(217)

———— 表に出る
.... 裏に出る

66

図案・りんご

材料

[布] 晒し木綿
[糸] オリムパス Sashiko Thread 100m　赤(105)、
　　黄×オレンジ×ピンク(193)
[針] 刺し子針
[でき上がりサイズ](図案部分)縦7×横7.5cm

刺す順番は、最初に花角十つなぎを刺し、続けて外枠をバックステッチで2色で刺す。

花角十つなぎ

材料

[布] 晒し木綿
[糸] オリムパス Sashiko Thread 100m　ベージュ(116)、
　　Sashiko Awai-iro　Smoky Blue(A9)
[針] 刺し子針

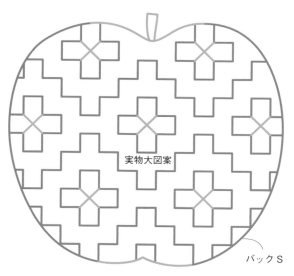

実物大図案

バックS

―― =赤(105)
―― =黄 × オレンジ × ピンク(193)

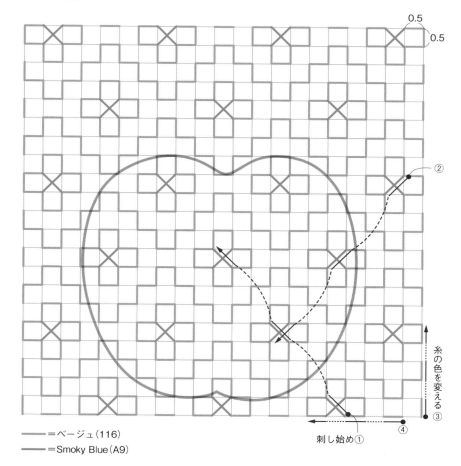

0.5
0.5

②

糸の色を変える③

④

刺し始め①

―― =ベージュ(116)
―― =Smoky Blue(A9)

―――― 表に出る　　・・・・・・・・ 裏に出る　　-・-・-・- 2枚の間を通す

図案・洋梨

材　料

[布] 晒し木綿
[糸] オリムパス Sashiko Thread 100m　黄緑(107)、薄緑(117)、
　　黄×オレンジ(154)
[針] 刺し子針
[でき上がりサイズ] (図案部分) 縦9×横6cm

刺す順番は、最初に米刺しくぐりを刺す。続けて外枠をウィップドランニ
ングステッチで刺し、最後に茎と葉をバックステッチで刺す。

―――=黄緑(107)
―――=薄緑(117)
―――=黄×オレンジ(154)

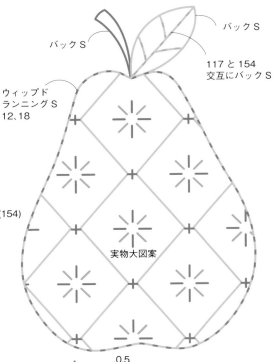

バックS

バックS

117と154
交互にバックS

ウィップド
ランニングS
12、18

実物大図案

米刺しくぐり

材　料

[布] 晒し木綿
[糸] オリムパス Sashiko Thread 100m　ベージュ(116)、
　　Sashiko Awai-iro　Dusty Pink(A6)、Mauve(A10)
[針] 刺し子針

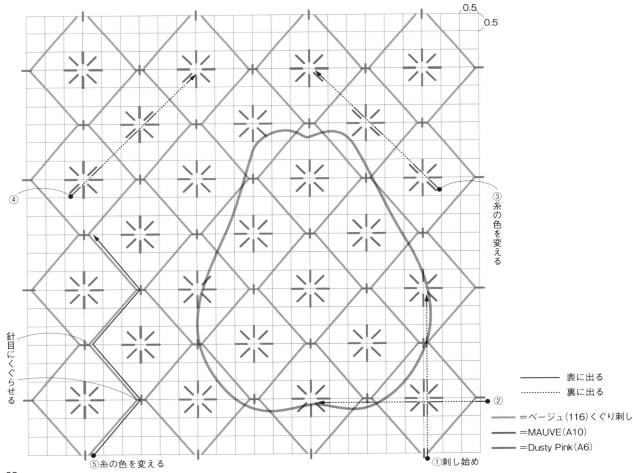

0.5
0.5

④

③糸の色を変える

針目にくぐらせる

―――― 表に出る
・・・・・・・・ 裏に出る

―――=ベージュ(116)くぐり刺し
―――=MAUVE(A10)
―――=Dusty Pink(A6)

②

①刺し始め

⑤糸の色を変える

モロッカン風ミニふきん

材料

[布] 晒し木綿　22×41cm
[糸] ダルマ家庭糸〈細口〉きなり、黄土色(12)、こげ茶(15)、
　　　らくだ(18)、カラシ(43)、枯色(35)、白
[針] 刺し子針
[でき上がりサイズ] 19.5cm角

作り方（P.70参照）

❶晒し木綿の4辺をそれぞれ縫い代1cmで折り、しつける。
❷外表で半分に折り、わを上にして外枠の図案を2枚の間に挟んで上から消えるペンで写し、晒し木綿2枚がずれないよう外周をしつける。
❸❷で描いた外枠の中に0.3cm間隔で印をつけ、それぞれ指定の刺し子図案を描く。
❹最初に各図案を刺し、外枠をバックステッチで刺す。
❺図案と外枠が刺し終わったら、外周をウィップドランニングステッチで刺す。
❻わ以外の3辺を白糸でかがり、しつけを取る。

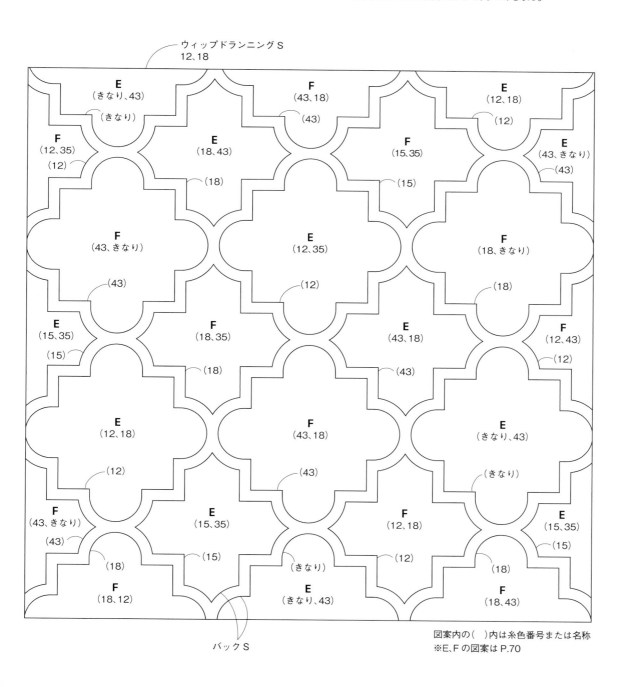

図案内の（　）内は糸色番号または名称
※E、Fの図案はP.70

E、F

材　料

[布] オリムパス　一目刺し用ガイド付きさらしもめん
　　3mm間隔ドット方眼　白（H-1106）
[糸] ダルマ家庭糸〈細口〉　はっか（23）、アクア（28）、
　　白ねず（36）、こうばい（44）、黄土色（12）
[針] 刺し子針

※P.18-19の写真のものは図案よりも大きい範囲で刺しています。

ふきんの仕立て方

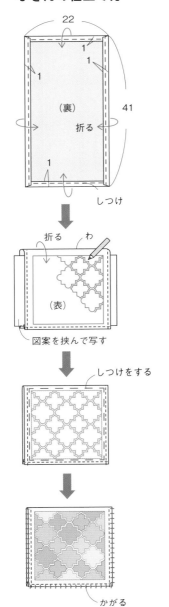

折る

（裏）

折る

しつけ

折る　わ

図案を挟んで写す

（表）

しつけをする

かがる

―――― 表に出る
‥‥‥‥‥ 裏に出る
╌╌➤ 2枚の間を通す

E 図案・米刺しのアレンジ

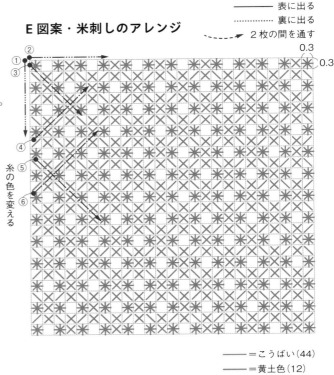

0.3
0.3

糸の色を変える

――― ＝こうばい（44）
――― ＝黄土色（12）

F 図案・花クロス

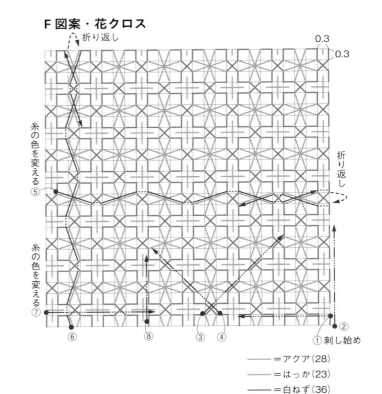

折り返し

0.3
0.3

糸の色を変える

糸の色を変える

折り返し

① 刺し始め

――― ＝アクア（28）
――― ＝はっか（23）
――― ＝白ねず（36）

デジタル数字のミニふきん　白、赤

材　料

[布] オリムパス　一目刺し用ガイド付きさらしもめん
　　5mm間隔ドット方眼　白（H-1021）、赤（H-4521）
[糸] 白：ダルマ 家庭糸〈太口〉黒、手縫い糸（白）、
　　赤：DARUMA 刺し子糸〈合太〉黒（219）、手縫い糸（赤）
[針] 刺し子針
[でき上がりサイズ] 縦18.5×横19cm

作り方

❶晒し木綿の4辺をそれぞれ縫い代1cmで折り、しつける。外表で半分
　に折り、わを上にする。
❷消えるペンで0.5cm間隔で印をつけ、図案を描く。晒し木綿2枚がず
　れないよう外周をしつける。
❸玉結びで刺し始めて①から順に刺し、玉どめで糸始末する。
❹フレンチノットステッチを刺す。
❺わ以外の3辺を白糸でかがり、しつけを取る。
※仕立て方はP.70「ふきんの仕立て方」参照。

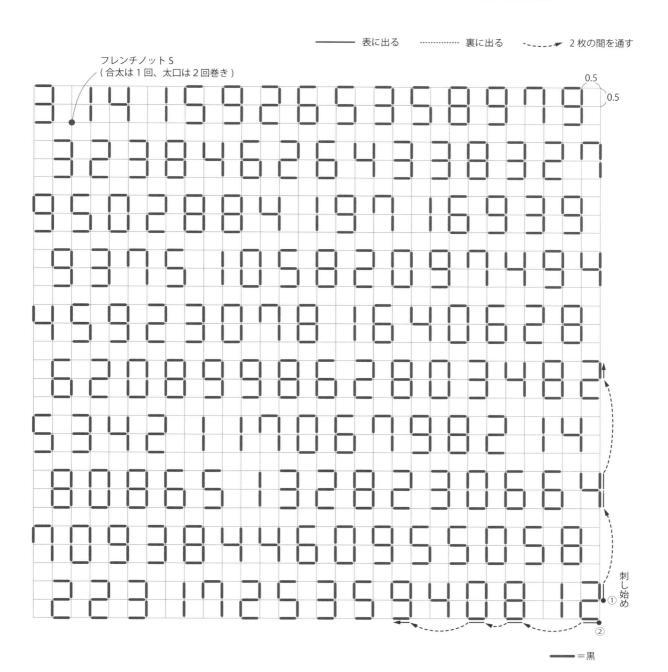

——— 表に出る　·········· 裏に出る　- - -→ 2枚の間を通す

フレンチノット S
（合太は1回、太口は2回巻き）

刺し始め　①
②

——— ＝黒

タペストリー

材　料

[布] 綿レーヨン（黒）　目数 約10×10目／cm 46×26cm
[糸] DARUMA 刺し子糸〈合太〉カード巻　きなり（202）
[針] クロスステッチ針
[その他] タペストリーハンガー　幅22cm
[でき上がりサイズ] 図参照

作り方

❶布の用尺サイズの中心上部から8cm（でき上がり線から6.5cm）下がったところからBの図案、刺し始めの位置から下に刺し進める。

❷続けてA、C、Dの順で各図案を上から下に刺す。

❸刺し終えたらでき上がり図を参考に 43×20cmで周囲をカットし、両脇を裏側に折る。布端はジグザグミシンまたは手縫い糸でかがるか、ほつれ止め液を塗る。

❹上下にタペストリーハンガーをつける。

でき上がり図

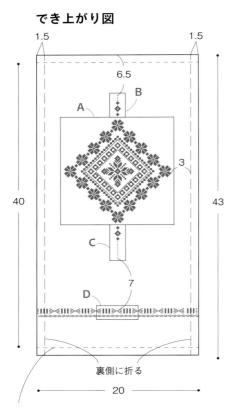

▼＝中心
●＝刺し始め

B

C

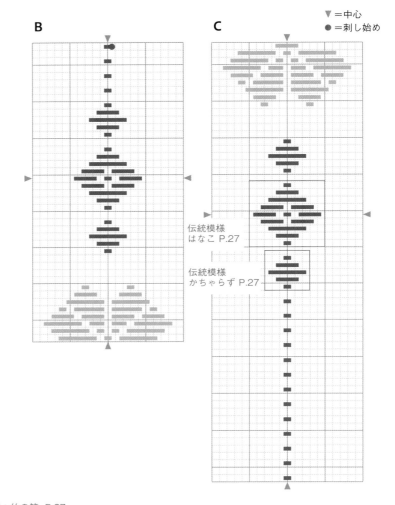

伝統模様
はなこ P.27

伝統模様
かちゃらず P.27

タペストリーハンガー
取り付け位置

裏側に折る

伝統模様：竹の節 P.27

D

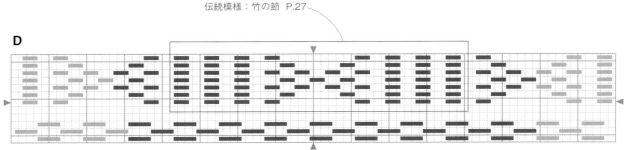

72

A

▼＝中心

図案・オーナメント

材　料
[布] 綿レーヨン（白）　目数 約10×10目/cm
[糸] DARUMA 刺し子糸〈合太〉カード巻　黒（219）
[針] クロスステッチ針
[でき上がりサイズ]（図案部分）11m角

▼=中心
●=刺し始め

材　料
[布] オリムパス No.1100 コングレス グレー（1042）
[糸] DARUMA こぎん糸　黒（8）
[針] こぎん針
[でき上がりサイズ]（図案部分）6.2cm角

図案・ドロップ　**P.25**

材料

[布] 綿レーヨン（黒）　目数 約10×10目／cm
[糸] DARUMA 刺し子糸〈合太〉カード巻
　　　きなり（202）
[針] クロスステッチ針
[でき上がりサイズ]（図案部分）縦14×横12.5cm

横の段を端まで続けて刺さず、縦の柄の単位で刺していく。まず右上の「1本目の刺し始め」から下へ刺し進む。次の柄はすでに刺した目から数えやすい位置の「2本目の刺し始め」から刺す。

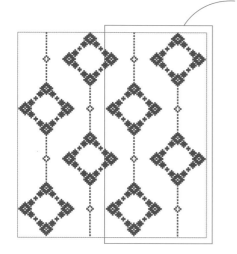

P.25

材料

[布] オリムパス No.1100 コングレス グレー（1042）
[糸] DARUMA こぎん糸　黒（8）
[針] こぎん針
[でき上がりサイズ]（図案部分）5.1cm角

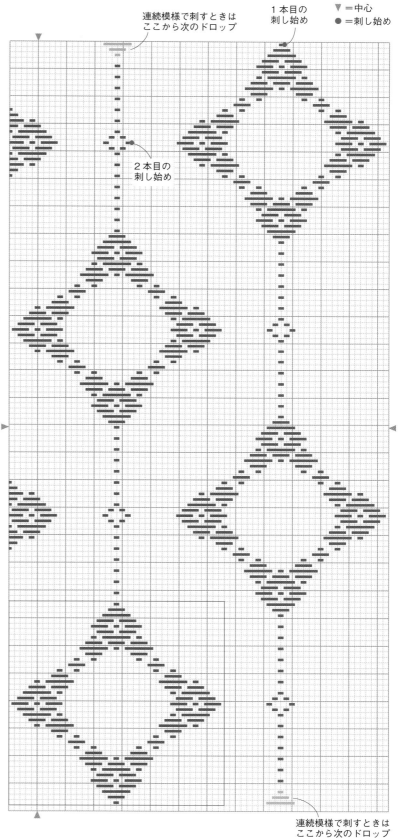

連続模様で刺すときは
ここから次のドロップ

1本目の
刺し始め

▼＝中心
●＝刺し始め

2本目の
刺し始め

連続模様で刺すときは
ここから次のドロップ

フリーマット

P.26

材料

[布] オリムパス No.3500 リネンクロス サンドベージュ（1001）
27×42cm、麻（裏布）27×42cm
[糸] DARUMA こぎん糸　黒（8）、手縫い糸（ベージュ）
[針] こぎん針、手縫い針
[でき上がりサイズ] 縦24×横39cm

作り方

❶表布（リネンクロス）にこぎん刺しをする。
❷裏布（麻）と中表で合わせ、返し口を残して縫う。
❸表に返して返し口をかがる。

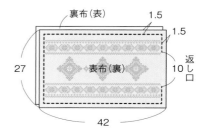

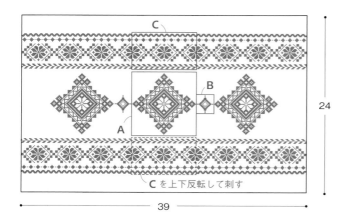

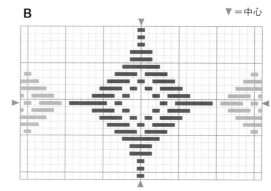

B　▼＝中心

C

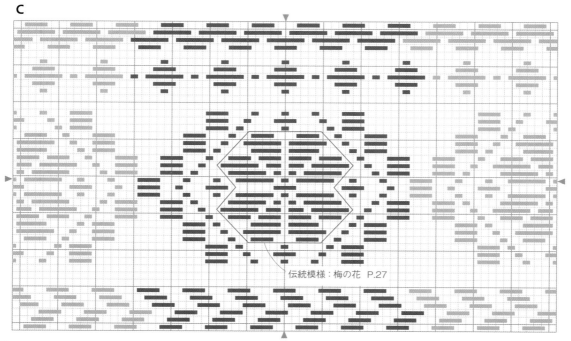

伝統模様：梅の花　P.27

A

伝統模様　梅の花、はなこ、かちゃらず、竹の節　　P.27

材　料

[布] オリムパス　No.1100 コングレス グレー（1042）　　※梅の花の図案はP.76、かちゃらず、はなこ、竹の節の図案はP.72参照
[糸] DARUMA こぎん糸　黒(8)
[針] こぎん針

モチーフ　花、タイル柄

材料

[布] オリムパス No.1100 コングレス　紺(1007)　各13cm角
[糸] 花:DARUMA こぎん糸 カード巻　白(1)、赤(4)
　　　タイル柄:オリムパス こぎん糸 オレンジ(145)、
　　　スモークピンク(166)、緑(255)、薄青緑(341)、
　　　DARUMA こぎん糸 カード巻 白(1)、からし(2)、赤(4)、あさぎ(5)
[針] こぎん針
[でき上がりサイズ] (図案部分)花:縦5.7×横4.5cm、
　　タイル柄:各 5cm角

▼=中心
●=刺し始め

図案・花

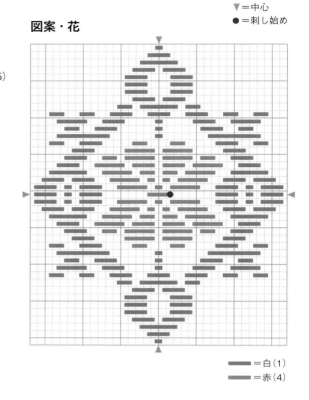

▬▬=白(1)
▬▬=赤(4)

図案・タイル柄　緑

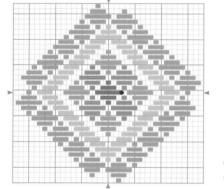

▬▬=緑(255)
▬▬=薄青緑(341)

図案・タイル柄　白

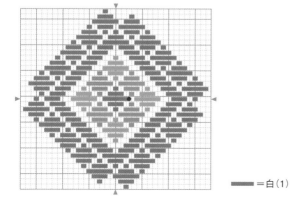

▬▬=白(1)

図案・タイル柄　赤

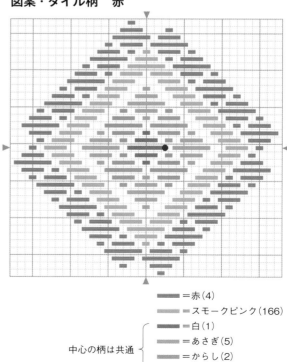

▬▬=赤(4)
▬▬=スモークピンク(166)
▬▬=白(1)
▬▬=あさぎ(5)
▬▬=からし(2)
▬▬=オレンジ(145)

中心の柄は共通

チロリアンテープ

材　料
[布] オリムパス No.1100 コングレス　紺(1007)　各 縦39×横4cm
[糸] オリムパス こぎん糸 オレンジ(145)、薄青緑(341)、
　　　DARUMA こぎん糸 カード巻 白(1)、からし(2)、赤(4)、あさぎ(5)
[針] こぎん針
[でき上がりサイズ] 各 縦39、横レトロフラワー 2.3cm、
エスニック 2.5cm、ダイヤ、梅の花アレンジ 2cm

作り方
❶布の中心にこぎん刺しをする。
❷図案の横0.2cmを残して両端を裏側に折り、端にミシンステッチを入れる。

刺し始めは、色ごとに刺しやすい場所から刺してOK。

▼=中心

図案・エスニック
基本柄

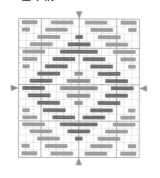

連続柄

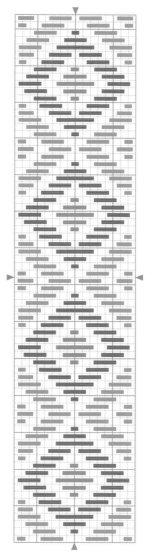

▬▬=赤(4)
▬▬=薄青緑(341)
▬▬=あさぎ(5)
▬▬=からし(2)

図案・ダイヤ
基本柄

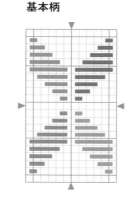

連続柄

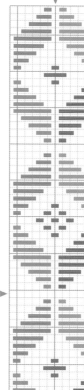

▬▬=赤(4)
▬▬=オレンジ(145)
▬▬=白(1)
▬▬=あさぎ(5)
▬▬=からし(2)

チロリアンテープの仕立て方

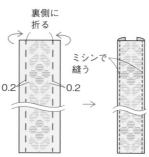

裏側に折る

0.2　0.2

ミシンで縫う

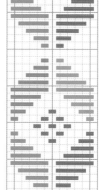

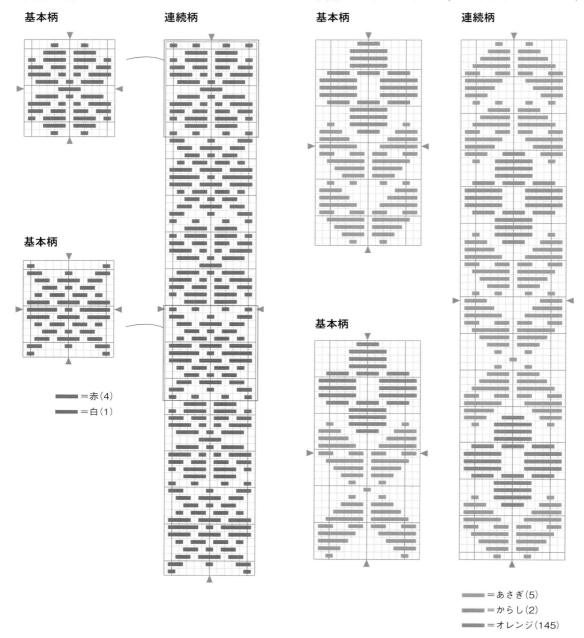

図案・梅の花アレンジ

基本柄　　　　連続柄

基本柄

■■=赤（4）
■■=白（1）

図案・レトロフラワー／ストラップ　　　▼=中心

基本柄　　　　連続柄

基本柄

■■=あさぎ（5）
■■=からし（2）
■■=オレンジ（145）

スマホショルダー　**P.32**

XXXXXXXXXXXXXXXXXXXXXXXXXXXXXXXXXXXXXXXXXXXXXXXXXXXXXXXXXXXXXXXXXXXXXXXX

材　料

[布] オリムパス No.1100 コングレス　紺（7）縦90×横4cm、
　　 本体布（デニム）126×21cm、裏布（木綿）白 42×22cm
[糸] オリムパス こぎん糸　オレンジ（145）、
　　 DARUMA こぎん糸 カード巻　からし（2）、あさぎ（5）

[針] 刺し子針
[その他] 接着芯40×15cm、Dカン（1.5cm）2個、
　　　　ナスカン（2.5cm）2個
[でき上がりサイズ] 全体：縦74×横18cm
（本体：縦20×横14.5cm、ストラップ：縦115×横2.5cm）

スマホショルダーの仕立て方 ※ミシンで縫う

表布（デニム）

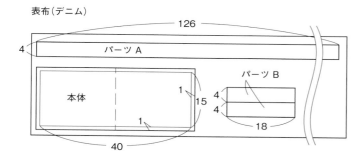

裏布（コットン）

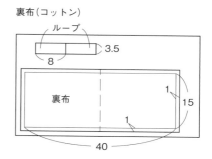

❶P.79-80 を参考に、コングレスの中心にレトロフラワーの連続柄を刺す。両端にパーツ B を中表に合わせて縫い、縫い代を割って図案の横 0.2cm を残し、両脇を裏側に折って図案の際を縫う。

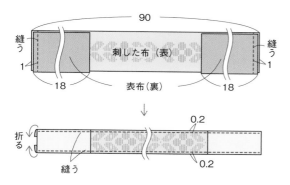

❷パーツ A を❶と同じ幅になるよう両脇を裏側に折り、❶と外表で合わせて両脇を縫い合わせる。このとき❶の両端はのちに折り返すので1cm ずつ長めになる。

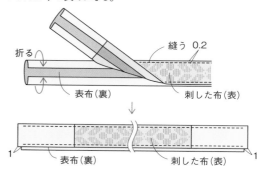

❸両端を1cm 裏側に折って端を縫い、ナスカンを通してそれぞれ裏側に折って端とナスカンの際を縫う。

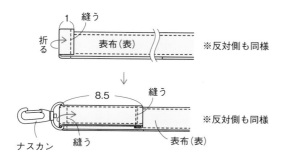

❹本体表布の裏面に接着芯を貼り、裏布と中表に合わせて両端を縫う。本体と裏布それぞれの底を上下にして広げ、縫い代を割って中心で合わせる。

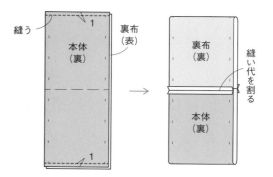

❺裏布でループを2本作り、Dカンを通して半分に折る。本体の間に挟んで仮どめし、返し口10cmを残して縫い代1cmで両脇を縫う。

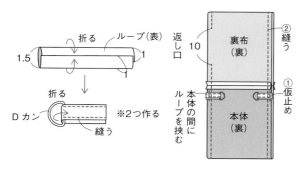

❻表に返して返し口を縫い、裏布を本体に入れて形を整え、入れ口を1周縫う。D カンにストラップをつける。

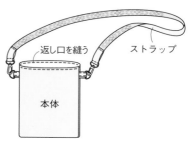

図案・水玉

材　料

[布] オリムパス No.1100 コングレス　紺（1007）

[糸] オリムパス こぎん糸　オレンジ（145）、
　　　DARUMA こぎん糸 カード巻　白（1）、
　　　からし（2）、あさぎ（5）

[針] こぎん針

[でき上がりサイズ]

（図案部分）縦19×横17.5cm

刺し始めは、色ごとに刺しやすい場所から刺してOK。

列を 4 回繰り返す

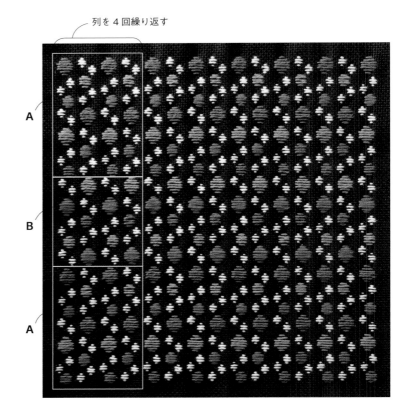

A

B

A

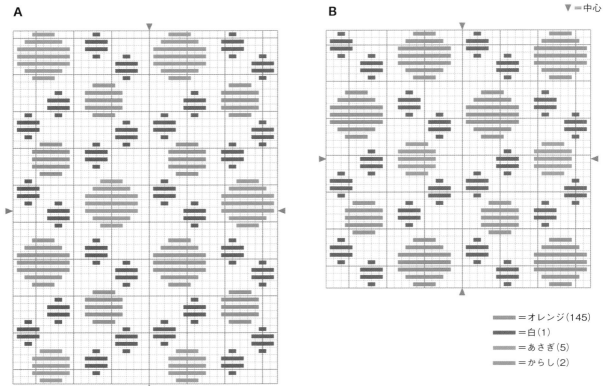

A

B

▼＝中心

▬▬＝オレンジ（145）
▬▬＝白（1）
▬▬＝あさぎ（5）
▬▬＝からし（2）

ねこと青海波のふきん

P.34

材料

[布] DARUMA 刺し子ふきん模様刺し（伝統柄・白）
　　青海波
[糸] DARUMA 刺し子糸〈細〉カード巻
　　向日葵(204)、赤(213)、梅(222)、
　　瑠璃(225)、手縫い糸(白)
[針] 刺し子針
[でき上がりサイズ] 34cm角

作り方

❶布を中表に折り、縫い代 0.5cmで端を縫う。表に
　返して形を整え、アイロンをかける。
❷ねこ、船などの図柄を複写紙で写す(P.86参照)。
❸あらかじめプリントされている柄を①から順に指定の
　範囲(外枠は全部、青海波は下から8段目まで)を刺
　す。
❹ねこ、船、魚などをそれぞれ指定のステッチで刺す。

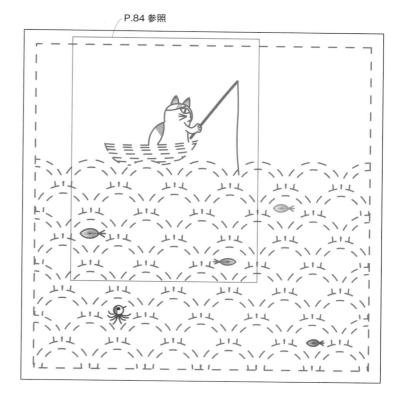

P.84 参照

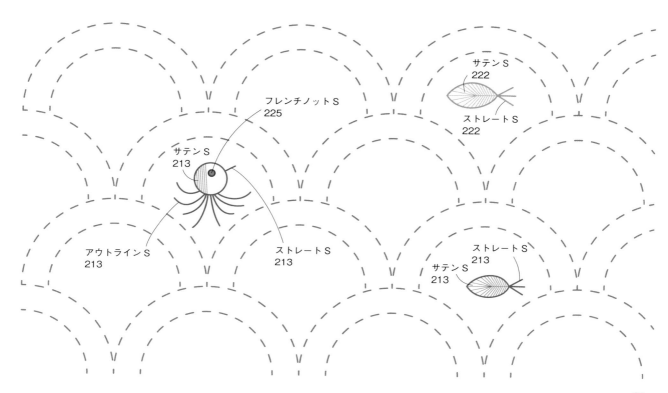

サテンS
222

ストレートS
222

フレンチノットS
225

サテンS
213

ストレートS
222

アウトラインS
213

ストレートS
213

ストレートS
213

サテンS
213

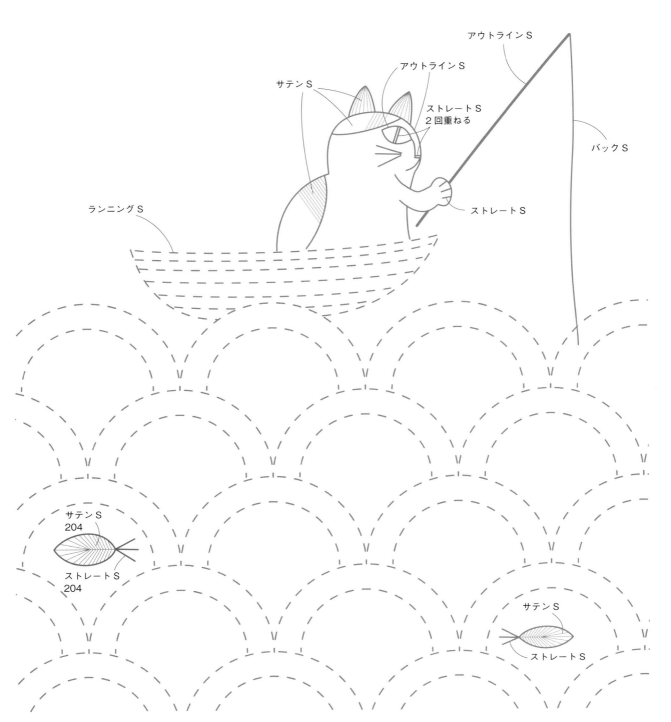

=瑠璃（225）
=梅（222）
=向日葵（204）
=赤（213）　指定以外、糸はすべて 225

アウトライン S

アウトライン S

サテン S

ストレート S
2回重ねる

バック S

ストレート S

ランニング S

サテン S
204

ストレート S
204

サテン S

ストレート S

ステッチの刺し方 本書で使用する刺しゅうステッチの刺し方を紹介します。

ランニングステッチ

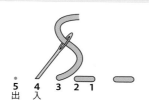

1から針を出し、**2**に針を入れる。ステッチしていく線に沿って「なみ縫い」で針を入れて出すを繰り返す。

ストレートステッチ

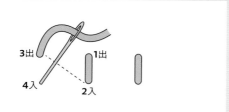

1から針を出し、**2**に針を入れる。刺したい位置から針を出し、刺したい長さに針を入れるを繰り返して直線で模様を作る。

バックステッチ

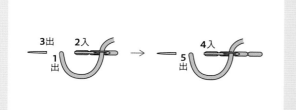

1から針を出し、1目分戻った**2**に針を入れ、2目分先の**3**から針を出す。これを繰り返し、直線をつなげながら刺す。

フレンチノットステッチ

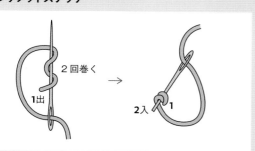

1から針を出し、針先に糸を2回巻きつける。1のすぐ横に針を刺し、針に巻いた糸を引き締め針を裏側に引き抜く。立体感のある点ができ上がる。

ウィップドランニングステッチ

ランニングステッチの針目に別の糸を巻きつけていく。モチーフの輪郭などアウトラインを作る。

アウトラインステッチ

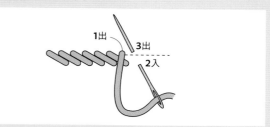

1から針を出し、**2**に針を入れ**3**から針を出す。左から右へ糸を斜めに渡しながら直線や曲線を作る。

サテンステッチ

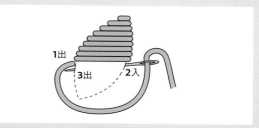

図案の端から針を出し、反対側の図案の端から針を入れる。糸を平行に渡すように刺して面を埋める。

レゼーデージーステッチ

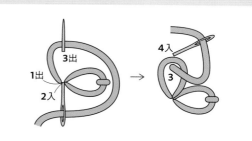

1から針を出し、糸が出ているところに針を入れ、1目分先に針を出す。針に糸をかけ針を出し、4から針を入れて輪の中央を止めるように刺す。1を中心に続けて刺すと花びらのようになる。

とりと七宝つなぎのふきん

材　料

[布] DARUMA 刺し子ふきん模様刺し（伝統柄・白）
　　七宝つなぎ
[糸] DARUMA 刺し子糸〈細〉カード巻
　　向日葵（204）、ピーコック（205）、白ねず（217）、
　　手縫い糸（白）
[針] 刺し子針
[でき上がりサイズ] 34cm角

作り方

❶ 布を中表に折り、縫い代 0.5cmで端を縫う。表に
　返して形を整え、アイロンをかける。
❷ とりの図柄を複写紙で写す。
❸ プリントされている柄を①から順に指定の範囲に刺す。
❹ とり、円形枠の順でそれぞれ指定のステッチで刺す。

P.87 参照

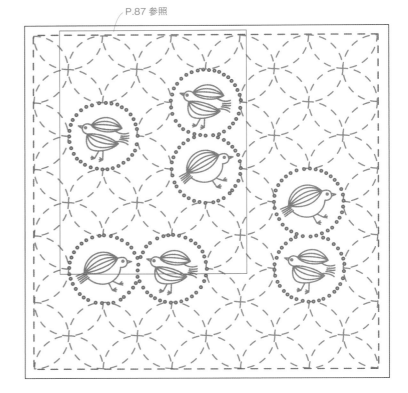

刺し子×刺しゅうのポイント　きれいに仕上げるためにいくつかのポイントをおさえておきましょう。

刺しゅう枠

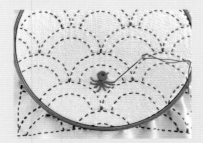

刺し子とは運針が違う刺しゅうのステッチ。
糸がつれやすいサテンステッチなどをすると
きは、刺しゅう枠を使うと刺しやすくなります。

トレース

プリントされた図案の上にトレースするとき
にガイドの線と重なってわかりにくい場合は、
先に必要な部分を刺し、水で押し洗いして
不要な図案を消します。生乾きの状態で
裏側からアイロンをかけましょう。

糸選び

晒し木綿を2枚重ねで刺す刺し子のふきん
のように、本書では刺しゅうのステッチも2
枚重ねで刺しています。糸は刺しゅう糸でも
使えますが、同じメーカーの刺し子糸で揃え
ると質感が揃ってきれいに仕上がります。

＝ピーコック (205)
＝白ねず (217)
＝向日葵 (204)

204

205

サテンS
217

フレンチノットS
217

フレンチノットS
204

ストレートS
217

アウトラインS
217

ブックカバー

材　料
- [布]本体布（木綿）**レース風モチーフ：青、花と太陽：えんじ、**
  裏布（木綿）水玉　各 20×40cm
- [糸]**レース風モチーフ：**DARUMA 刺し子糸〈細〉カード巻
  きなり（202）、手縫い糸（青）
  花と太陽：DARUMA 刺し子糸〈細〉カード巻　きなり（202）、
  向日葵（204）、笹（208）、梅（222）、ぶどう（223）、
  手縫い糸（えんじ）
- [針]刺し子針
- [その他]リボンテープ　各 20cm
- [でき上がりサイズ]縦15.5×横31cm

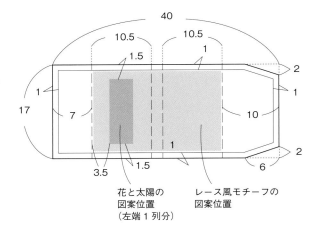

花と太陽の
図案位置
（左端1列分）

レース風モチーフの
図案位置

ブックカバーの仕立て方

❶本体布の指定の位置（レース風モチーフは指定範囲の中心）に
図案を複写紙で写し、各ステッチを刺す。
裏布の表にリボンテープを縫う。

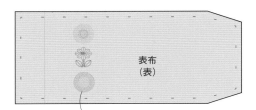

表布
（表）

花と太陽の図案位置にステッチ

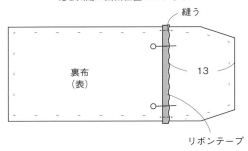

縫う

裏布
（表）

13

リボンテープ

❷表布と裏布を中表に合わせる。
直線側を縫い代 1cm で縫い、
M 型に折りたたんで両端をまち針でとめる。

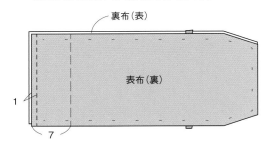

裏布（表）

表布（裏）

1

7

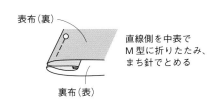

表布（裏）

直線側を中表で
M 型に折りたたみ、
まち針でとめる

裏布（表）

❸直線側と返し口を残して、縫い代 1cm で上下を縫う。

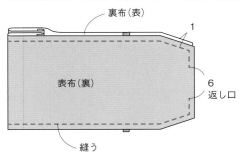

裏布（表）

1

表布（裏）

6
返し口

縫う

❹表に返して返し口をかがり、でき上がり。

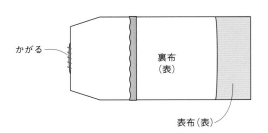

かがる

裏布
（表）

表布（表）

図案・レース風モチーフ

材 料

[布] 木綿　水色
[糸] DARUMA 刺し子糸〈細〉カード巻　きなり(202)、キャロット(214)、
　　白ねず(217)、瑠璃(225)
[針] 刺し子針
[でき上がりサイズ] (図案部分)16cm角

ランニングステッチはできるだけ細かい目で刺す。

ブックカバーの図柄

ブックカバーは赤枠の範囲で
ここを中心に反転させて
連続模様にする

フレンチノット S
225

フレンチノット S
202

アウトライン S
202

ランニング S
202

ストレート S
202

レゼーデージー S
214

ランニング S
202

レゼーデージー S
217

―=きなり(202)　　　―=キャロット(214)
―=瑠璃(225)　　　―=白ねず(217)

図案・花と太陽

P.36

材料

[布] 麻　緑
[糸] DARUMA 刺し子糸〈細〉カード巻　きなり(202)、向日葵(204)、
　　　笹(208)、梅(222)、ぶどう(223)
[針] 刺し子針
[でき上がりサイズ]（図案部分）13cm角

ランニングステッチはできるだけ細かい目で中心から刺す。花の部分は、
花の輪郭→花の中の直線ライン→中心→茎→葉の順で刺す。

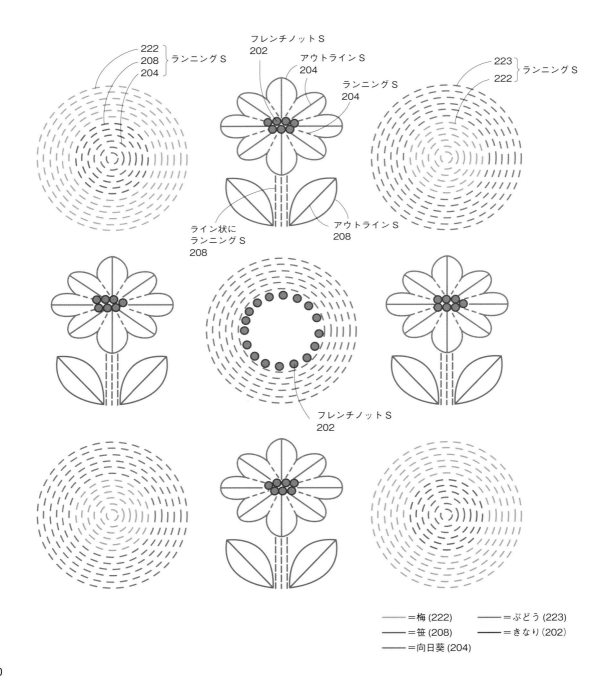

———＝梅 (222)　　———＝ぶどう (223)
———＝笹 (208)　　———＝きなり (202)
———＝向日葵 (204)

図案・木とりんご

材 料

[布] 木綿　からし

[糸] DARUMA 刺し子糸〈細〉カード巻　笹(208)、赤(213)、
　　紺(215)、萌黄(227)

[針] 刺し子針

[でき上がりサイズ] (図案部分)縦8×横20cm

ランニングステッチはできるだけ細かい目で刺す。
葉の塊を表すアウトラインステッチ→葉っぱ→幹→
りんごの順で刺す。ストレートステッチは中心から刺す。

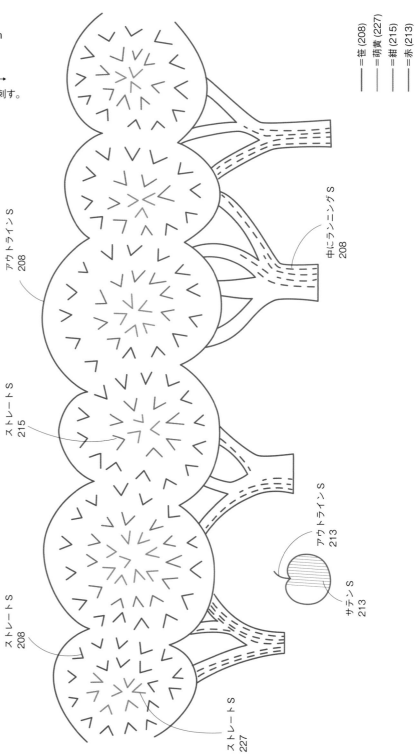

＝笹(208)
＝萌黄(227)
＝紺(215)
＝赤(213)

アウトラインS
208

中にランニングS
208

ストレートS
215

アウトラインS
213

サテンS
213

ストレートS
208

ストレートS
227

図案・チロリアン風チューリップ

材　料

[布] 木綿　黒
[糸] DARUMA 刺し子糸〈細〉カード巻　白(201)、向日葵(204)、
　　　笹(208)、赤(213)、キャロット(214)、萌黄(227)
[針] 刺し子針
[でき上がりサイズ]（図案部分）縦10×横18cm

ランニングステッチはできるだけ細かい目で刺す。
チューリップ→小さな花→茎と葉→上下のラインの順で刺す。

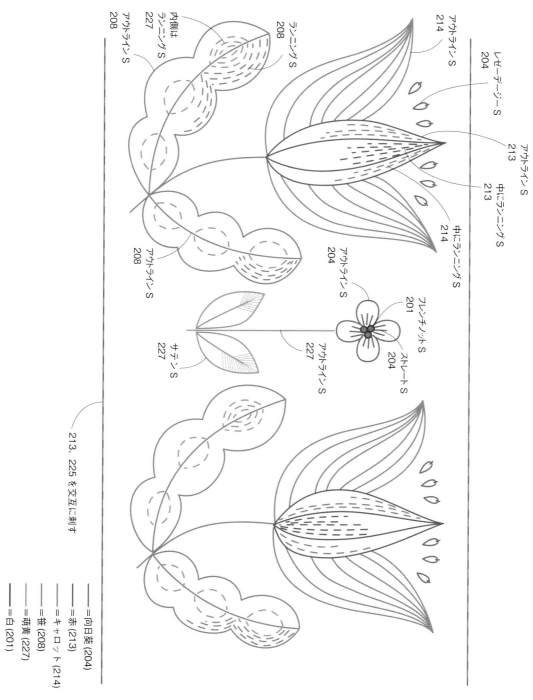

アウトラインS　208
内側は
ランニングS　227
アウトラインS　208
ランニングS　208
アウトラインS　214
レゼーデージーS　204
アウトラインS　213
中にランニングS　213
中にランニングS　214
アウトラインS　204
フレンチナットS　201
ストレートS　204
アウトラインS　227
サテンS　227
アウトラインS　208
213、225を交互に刺す

＝向日葵(204)
＝赤(213)
＝キャロット(214)
＝笹(208)
＝萌黄(227)
＝白(201)

図案・アップリケ風フラワー

材 料

[布] 木綿　チャコールグレー、黒 14×5cm、薄グレー 14×5cm、
　　赤 12cm角
[糸] DARUMA 刺し子糸〈細〉カード巻　きなり（202）、向日葵（204）、
　　ピーコック（205）、赤（213）、キャロット（214）、ぶどう（223）
[針] 刺し子針
[でき上がりサイズ]（図案部分）11.5cm角

作り方

❶土台の布に図案の外枠とa、bの線を複写紙で写す。a、bの型紙をそ
　れぞれの布に複写紙で写し、縫い代1cmでカットする。
❷a、bの型紙を厚紙で作り、各布の裏側に置いて縫い代を折りアイロン
　をかけ、型紙を取る。
❸bの布側を上にして十字に重ねて土台の布にしつけ、ランニングステッ
　チを刺す。あえて目を揃えず、少しずらしながら均等に埋めるように刺す。
❹外周を一周刺す。
❺aの布側を配置してしつけ、内側からランニングステッチを刺す。続けて
　おしべを刺し、最後に中央のモチーフを刺す。

作り方❷

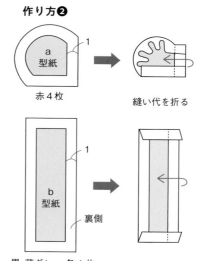

赤4枚　　　　縫い代を折る

黒、薄グレー 各1枚

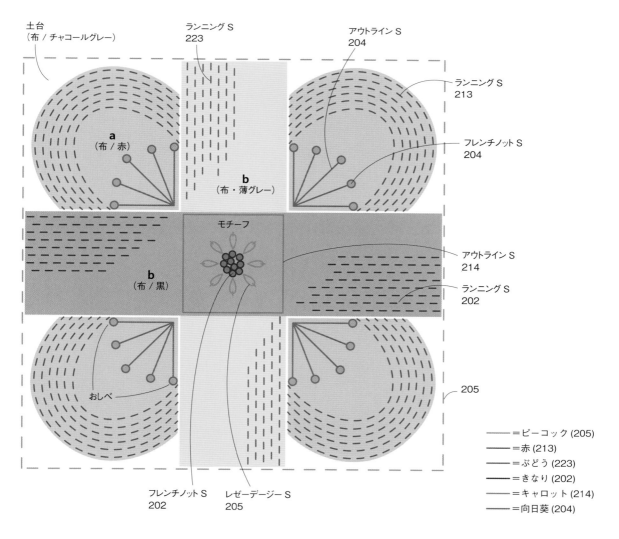

土台
（布 / チャコールグレー）

ランニング S
223

アウトライン S
204

ランニング S
213

フレンチノット S
204

a
（布 / 赤）

b
（布・薄グレー）

モチーフ

アウトライン S
214

ランニング S
202

b
（布 / 黒）

おしべ

205

フレンチノット S
202

レゼーデージー S
205

―――＝ピーコック（205）
―――＝赤（213）
―――＝ぶどう（223）
―――＝きなり（202）
―――＝キャロット（214）
―――＝向日葵（204）

ピンクッション

材料

[布] A:DARUMA こぎん布ハードタイプ
青(4)7cm角×2枚、B:オリムパス No.3500
リネンクロス マスタード(1041)7cm角×2枚
[糸] DARUMA こぎん糸 A:黄はだ(9)、B:未ざらし、
手縫い糸(青、マスタード)
[針] こぎん針、手縫い針
[その他] 手芸綿 約2g
[でき上がりサイズ] A:5.5cm角、B:4.5cm角

作り方

❶表布にこぎん刺しをする。
❷裏布と中表で合わせ、3辺を縫う。
❸表に返して手芸綿を詰め、返し口をかがる。

A、B

材料

[布] A:DARUMA こぎん布ハードタイプ 白ねず(2)、
B:オリムパス No.3500 リネンクロス
サンドベージュ(1001)
[糸] オリムパス こぎん糸 A:ピンク(106)、B:白(800)
[針] こぎん針
[でき上がりサイズ]
(図案部分)A:5.5cm角、
B:縦×横7.3cm

ピンクッションの仕立て方

手芸綿を詰めてかがる(手縫い糸)

▼=中心
●=刺し始め

A

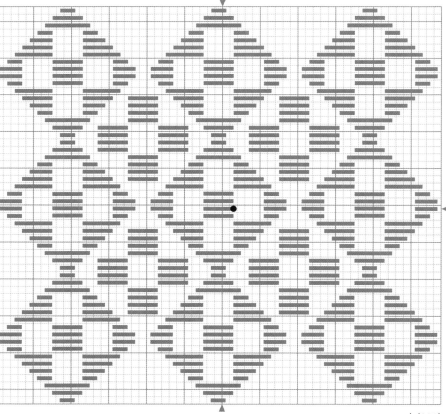

＝ピンク(106)

B

＝白(800)

図案・ムンカベルテ* ＊北欧の伝統的な織物技法の名称

材料

[布] 麻（白）　目数　約10×10目/cm
[糸] DARUMA こぎん糸　**A：**瑠璃（6）、からし（2）、
　　　B：こげ茶（3）、あさぎ（5）、銀ねず（10）
[針] こぎん針
[でき上がりサイズ]（図案部分）**A：**5.3×8.3cm、**B：**5.3×8.8cm

刺し始めは、布の両端どちらからでもOK。

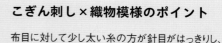

こぎん刺し×織物模様のポイント

布目に対して少し太い糸の方が針目がはっきりし、きれいに仕上がります。刺す範囲を決めたら、刺し始めの糸端を10cm程度残して刺し、最後に糸始末をしましょう。

A　▼＝中心

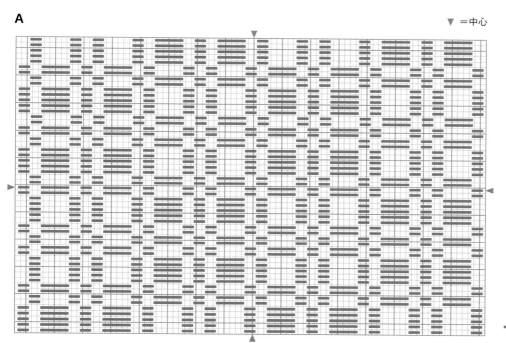

＝瑠璃（6）

B

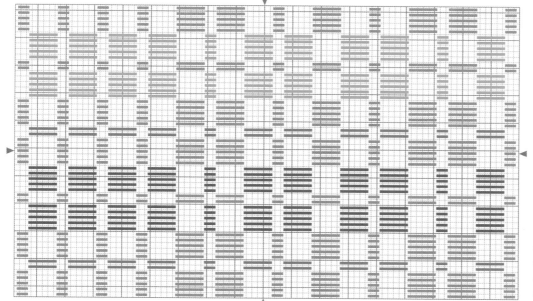

＝銀ねず（10）
＝からし（2）
＝あさぎ（5）
＝こげ茶（3）

ザ・ハレーションズ

編集担当の武智美恵とデザイン・イラスト担当の伊藤智代美からなる創作ユニット。出版を中心に色に特化した作品作りで活動中。著書に『かぎ針編みのモチーフ 色づかいと配色の見本帖』(誠文堂新光社刊)、『かぎ針で編む モロッカンデザインのモチーフアイデアBOOK』『伝統的な色使いから学ぶ 世界の配色見本帳』(ともに日本文芸社刊)などがある。
https://www.instagram.com/the_halations/

〈デザイン・製作〉

安蒜綾子
https://www.instagram.com/ayakoiru/

Kurage
https://www.instagram.com/kurage120/

糸結 itoyui
https://www.instagram.com/itoyui_yuu/

CheT
https://www.instagram.com/che._.t/

ささきみえこ
https://www.instagram.com/hanahakka_miekosasaki/

武内マリ

編集	武智美恵(ザ・ハレーションズ)、武内マリ
デザイン	伊藤智代美(ザ・ハレーションズ)
撮影	島根道昌、天野憲仁
トレース	小池百合穂

素材提供　横田株式会社 DARUMA
daruma-ito.co.jp
TEL 06-6251-2183(代)

オリムパス製絲株式会社
https://olympus-thread.com
TEL 052-931-6679

刺し子 こぎん刺し 刺しゅうのデザイン

2024年4月1日　第1刷発行

編 者	ザ・ハレーションズ
発行者	吉田芳史
印刷所	株式会社 光邦
製本所	株式会社 光邦
発行所	株式会社 日本文芸社
	〒100-0003
	東京都千代田区一ツ橋1-1-1 パレスサイドビル8F
	TEL 03-5224-6460(代表)

Printed in Japan 112240315-112240315 Ⓝ 01(201121)
ISBN978-4-537-22199-2
URL https://www.nihonbungeisha.co.jp/
©The Halations 2024
(編集担当　牧野)

内容に関するお問い合わせは
小社ウェブサイトお問い合わせフォームまでお願いいたします。
ウェブサイト　https://www.nihonbungeisha.co.jp/